EL APRENDEDOR

Curro Rodríguez
Prólogo de Juanma Moreno
Epílogo de Euprepio Padula

EL APRENDEDOR

MADRID | CIUDAD DE MÉXICO | BUENOS AIRES | BOGOTÁ
LONDRES | SHANGHÁI

Colección Acción Empresarial de LID Editorial
Editorial Almuzara S.L.
Parque Logístico de Córdoba, Ctra. Palma del Río, Km 4, Oficina 3
14005 Córdoba.
www.LIDeditorial.com
www.almuzaralibros.com

A member of:

BPR

businesspublishersroundtable.com

EAN-ISBN13: 978-84-10221-27-7
Directora editorial: Laura Madrigal
Editora de mesa: Paloma Albarracín
Corrección: Cristina Matallana y Paloma Albarracín
Maquetación: www.produccioneditorial.com
Diseño de portada: Juan Ramón Batista
Fotografía de portada: Míchelo Toro
Impresión: Cofás, S.A.
Depósito legal: CO-1686-2024

Impreso en España / *Printed in Spain*

Primera edición: octubre de 2024

Te escuchamos. Escríbenos con tus sugerencias, dudas, errores que veas o lo que tú quieras. Te contestaremos, seguro: *info@lidbusinessmedia.com*

A mi compañera de vida, Maite,
y a mis hijos, Mario, Carlos y Javi,
con quienes trato de compartir la
importancia de los valores de la lealtad,
la honradez y la solidaridad.

Índice

Prólogo

Querido lector, cuando te sumerjas en las páginas de *El aprendedor*, no encontrarás un libro al uso, ni siquiera una historia feliz de éxito y triunfos personales como guía para quienes buscan prosperar por la vía rápida. Simplemente hallarás el relato de una realidad que todos los días marca la vida de miles de valientes emprendedores que arriesgan lo que tienen por lograr cumplir un objetivo, pero con un matiz que marca la diferencia: el de una persona que hace de la perseverancia, la empatía y el valor ético su seña de identidad a pesar de todos los avatares; una destacada muestra, ni más ni menos, del enorme talento que atesora esta tierra.

La historia de Curro Rodríguez representa una oda a la capacidad de adaptarse a las peores circunstancias, y también a las mejores, sin dejar de ser uno mismo, es decir, siendo siempre su mejor versión. Precisamente por eso, por esa generosidad innata y esa humildad, su día a día y esta obra son un aprendizaje continuo para compartir esa experiencia con quienes buscan emprender el mismo camino de la búsqueda del éxito, el éxito de lograr en la vida lo que uno se propone.

Curro, con Maite siempre a su lado, cuenta su historia de superación a todo el que le quiere escuchar. Pero más importante que eso es que cada día pone en práctica con quien tiene alrededor las mismas virtudes, los mismos valores que asegura seguir aprendiendo.

Su afición por la montaña es además una gran metáfora de su propia vida: da igual a qué distancia esté la cima o a qué ritmo subas para alcanzarla; lo único que importa es que jamás dejes de ascender hasta llegar allí.

El aprendedor es la historia de cómo Curro no ha dejado nunca de intentarlo porque, a pesar de todo, todavía no se ha topado de bruces con ninguna montaña más alta ni más grande que su corazón.

Juanma Moreno
Presidente de la Junta de Andalucía

«La forma más segura de fracasar,
es abandonar. No te rindas,
nunca te rindas, porque
la noche siempre luce más oscura
justo antes del amanecer».

—Morgan Freeman—

Introducción

1998

La sangre manaba por su pierna mientras fallecía en mi regazo; *aún siento su cabeza y su pelo en mi antebrazo derecho*. Me hablaba, pero no sabía qué decirle aparte de una mentira piadosa: «Todo saldrá bien». Diez minutos antes volábamos en una UVI móvil del 061, donde prestaba servicio ese día, por una avenida principal de Málaga hacia un aviso: un chaval de 15 años se había precipitado al vacío por un ojo de patio desde un sexto piso al intentar pasar de una habitación a otra por las ventanas que daban ahí. Las cuerdas de tender la ropa fueron frenando su caída, pero a la altura del segundo piso una de sus piernas chocó con una ventana y le abri*ó* una herida en la parte alta del muslo.

Era invierno y ese bloque en primera línea de playa estaba casi vacío. Los bomberos todavía tardarían 10 min en llegar; había que entrar desde el primer piso, pero era imposible abrir la puerta blindada. El único acceso posible pasaba por descolgarnos por el ojo de patio de un vecino del tercero, porque en el segundo piso tampoco vivía nadie. Se me ocurrió subirme a un camión que había en la calle y de ahí saltar al balcón del primer piso, romper el cristal y llegar al patio. Mis compañeros se subieron al tercero y me fueron pasando material. Pero una herida profunda en la arteria femoral es cuestión de muy pocos minutos. Solo pude taponar, consolar, hacer una reanimación bombeando un corazón y una sangre que salía por la pierna y quedarme toda la vida con esa imagen, esas últimas palabras y esa sensación en el antebrazo.

Durante 23 años en los equipos médicos del 061 de Andalucía recibí numerosos avisos que me acompañaron a lo largo de mi carrera, sin embargo, este nunca se me olvidará. Estas experiencias me aportaron resiliencia y, sobre todo, me enseñaron a relativizar los problemas. En cada guardia, enfrentándome a ambientes hostiles, situaciones trágicas, la desesperanza de pacientes y familiares y las alegrías por salvar vidas, me di cuenta de que la empatía, la sonrisa, la educación, el optimismo, el compromiso y la motivación resultan esenciales en la vida. También son las claves de las muchas historias de fracaso y éxito que voy a contar en estas páginas y que están basadas en mi experiencia y en la realidad del emprendimiento en varios países.

La vida, aunque me llenó de ruinas y fracasos, me ha llevado a lo que hoy podemos definir como *éxito*, y quiero que mis vivencias, anécdotas, atajos y consejos puedan servir a otras personas. Siento esa responsabilidad social y espero que todo lo vivido sirva de utilidad a quienes lean o compartan mi historia.

Y es que, después de crear 33 empresas, pasé de ser un *emprendedor* a ser un *aprendedor*. Por eso, al final de cada capítulo, expondré detalladamente lo que he aprendido, proporcionando *insights* y reflexiones que espero que puedan inspirar y guiar a otros en su propio viaje empresarial.

A mis excompañeros del 061 y
por todas las vidas que salvan.

1. El origen

Nací en Málaga en 1974 en el seno de una familia acomodada. Mi padre comenzó a trabajar con 14 años en unos almacenes de ropa que se llamaban Álvarez-Fonseca, donde la gente iba antes de que se abriera el primer El Corte Inglés en mayo de 1979.

Mi padre fue medrando en la empresa hasta convertirse en el jefe de compras. Nos contaba que viajaba a La Coruña para comprar batas y camisas en una tienda que hacía esquina, donde le atendían una señora que se llamaba Rosalía Mera y su marido Amancio Ortega. Recuerdo que me decía que uno llamaba por Navidad y el otro por Año Nuevo, como se hacía antes con las relaciones estrechas. Además de su trabajo como jefe de compras, mi padre emprendió un negocio propio en Las Lagunillas, un barrio de Málaga, cosiendo y haciendo las batas que toda abuela que se precie debía tener. Con el tiempo, el negocio fue creciendo y empezó a abrir sus propias tiendas de ropa y tejidos en distintos barrios de Málaga.

Pero en la tarde del 14 de noviembre de 1989, la historia de nuestra familia, entre muchas otras, cambió dramáticamente. Por la noche, una tormenta descargó más de 180 l/m^2 en 45 minutos sobre la ciudad, y fue seguida por intensas lluvias los días 15, 17, 26 y 27 del mismo mes. Esta catástrofe hizo que nuestra familia perdiera todo:

las tiendas quedaron arrasadas por el barro, lo que provocó un efecto dominó sobre la economía familiar. Esa riada se llevó en los siguientes meses el dinero y las propiedades, que fueron embargadas. Pasamos de una posición acomodada a una economía de guerra, de colegios privados a públicos, de viajes y salidas a quedarnos en una casa que ya no era nuestra. El banco, que antes trataba a mi padre con mucho respeto y ante el que se cuadraba, se convirtió en su peor enemigo. Esta fue mi primera ruina.

Lo paradójico de todo esto es que, cuando tenía 15 años, mi familia sobrevivió gracias a la pensión de invalidez de mi padre, a quien diagnosticaron Parkinson —que sufrió durante 25 años hasta su muerte—, y a una madre resiliente.

¿Qué aprendí?

Aprendí, y se me grabó a fuego, que la vida puede cambiar en un instante, dándote un giro de 180º que ni te imaginas, a veces para bien, pero muchas veces para mal. Obviamente, si llevas una vida funcionarial estable, todo es más tranquilo. Pero si quieres vivir cosas distintas y luchar por sueños empresariales que te lleven a niveles distintos de la sociedad (ni buenos ni malos), solo se logra arriesgando. Y solamente asumiendo el riesgo de perder encontrarás las formas de ganar.

Solo asumiendo el riesgo de perder encontrarás las formas de ganar.

Aprendí también que es fundamental viajar y ver con tus ojos cómo, qué y quién vive ahí fuera para experimentar lo peor y lo mejor de esos países. Por suerte o por desgracia, he tenido que viajar, trabajar y a veces sufrir en lugares como Francia, Alemania, Dinamarca, Suecia, Italia, Reino Unido, Suiza, Austria, República Checa, Holanda, Bélgica, Turquía, Arabia Saudita, Emiratos Árabes, Egipto,

Marruecos, Mauritania, Senegal, Benín, Ghana, Togo, Camerún, India, Nepal, Japón, Estados Unidos, México y República Dominicana, entre otros.

En muchos países he pasado momentos muy difíciles o, como diríamos coloquialmente, *las he pasado canutas*. En otros he disfrutado, he negociado, he llorado, he ido armado o me he arruinado, pero he vivido cientos de experiencias que ahora llega el momento de legar y transmitir con el propósito de poder ayudar, dar, ofrecer y aportar a otras personas.

2. El 061

Nos remontamos a 1992: termino COU (actual 2.º de Bachillerato). Siempre quise ser inspector de Policía —y creo que una parte de mí todavía conserva esa esperanza estúpida, porque con los cincuenta años a la vuelta de la esquina obviamente es estúpida—, y sabía que necesitaba una carrera universitaria para acceder a la escala ejecutiva de la Policía, así que decidí estudiar Empresariales, actualmente Grado de Comercio y Gestión.

Mi pasión por ayudar a los demás y por el servicio público hizo que me apuntara a la Cruz Roja. En esos momentos ya crecía en mí una pasión por el emprendimiento y un fuerte liderazgo, así que, en menos de un año, con tan solo 18, promoví y monté el puesto de Cruz Roja en Alhaurín de la Torre. Era la localidad más grande de Málaga, no tenía costa y estaba pegada al aeropuerto, a 12 km de la ciudad. En las décadas de 1990 y 2000 fue muy conocida por su cárcel, y en programas de televisión famosos por aquel entonces, como *Salsa rosa* o *Aquí hay tomate,* bromeaban sobre ella diciendo que era el pueblo con más alcaldes de España porque, además del que ejercía, había otros en la cárcel encerrados por corrupción política.

Organicé a voluntarios y a objetores y pedí prestada una ambulancia en Málaga capital para realizar guardias —junto con un grupo de *locos* que me seguían— los fines de semana porque no había servicio exterior de urgencias.

Durante 1994, me volqué en dos pasiones: la creación de un grupo de rescate de montaña en la Cruz Roja, ya que en aquella época todavía no existía el de la Guardia Civil, y el alpinismo. En Málaga tenemos los desfiladeros del Chorro, con su famoso Caminito del Rey, y somos un paraíso para la escalada en roca de Europa. Aunque parezca increíble, Málaga es una de las cinco ciudades más montañosas de España.

Ambas pasiones se unieron en el verano de 1995 en un incendio cuando tuve que descender en rápel de un helicóptero del INFOCA para rescatar a dos profesionales atrapados por las llamas. Durante esos días colaboré estrechamente con unos directivos de la Junta de Andalucía en un nuevo proyecto: la implantación de los equipos médicos del 061. Creados en 1993 tenían como objetivo lanzar, en 1995, una oferta de empleo público que les permitiera expandirse a toda Andalucía progresivamente. Lo que hoy nos parece normal, como la presencia de una UVI móvil de emergencias en nuestras casas o en un accidente de tráfico, no lo era antes de esa fecha.

En el Annapurna, 8091 m s. n. m. de altitud, en el centro de la cordillera del Himalaya, Nepal.

Además, estábamos en una época en la que fallecían casi cinco mil personas al año en accidentes de tráfico. Las campañas de tráfico, los cambios de normativa y la implantación de las UVI móviles redujeron esa cifra en un 80 %. Es importante mencionar como dato que una UVI móvil completa, con sus equipos de guardias de médico, enfermero y técnico, que tenía un coste aproximado de 140 millones de pesetas al año (850 000 € aproximadamente), resultaba una inversión más que rentable al Estado, porque lo que estos equipos médicos evitaban en muertes, lesiones graves y secuelas era impresionante. Al final todo se resume en datos económicos: imagina a un chaval de 25 años con toda una vida por delante para producir, crear riqueza y pagar impuestos que, tras sufrir un accidente de moto, queda parapléjico y pasa automáticamente a depender de una paga del Estado. De ser un contribuyente, lamentablemente se convierte en una carga para la gestión de recursos públicos; pasa de aportar dinero a demandarlo. Tristemente es así para la gestión de recursos.

Como estaba previsto, en diciembre de 1995, salieron 43 plazas para técnico de emergencias sanitarias, a las que se presentaron 4500 opositores. Yo conseguí la n.º 3 y entré en la unidad de Marbella (Málaga).

Ahí comencé mi carrera como sanitario de emergencias con muchas anécdotas: algunas divertidas, como intentar examinar pupilas en un ojo de cristal; otras emocionantes, como asistir partos en un ascensor, y también hubo momentos arriesgados en cuevas e incendios. Y, como no, trágicos como presenciar un accidente donde el fallo de los frenos de un vehículo provocó la muerte de un padre y su hijo en la puerta de un colegio. Estas y un larguísimo etcétera de vivencias de todo tipo me enseñaron a ser empático y resolutivo.

Rescate de un niño en un pozo.

¿Qué aprendí?

Durante este tiempo adquirí muchas cosas valiosas. En primer lugar, la capacidad de estudiar y completar mi primera carrera, Criminología. Al enfrentarme a diversas situaciones críticas, también aprendí a relativizar los problemas cotidianos, pues comprendí que muchas de las preocupaciones diarias palidecen en comparación con las verdaderas emergencias.

También descubrí mi pasión por la enseñanza y la docencia. Durante años compaginé mis guardias con la dirección y enseñanza de varios programas formativos, incluyendo atención a múltiples víctimas, reanimación cardiopulmonar (RCP) y gestión de catástrofes. Este rol me permitió transmitir a otros conocimientos y habilidades esenciales y fortaleció mi compromiso con el servicio público.

Desarrollé mi vocación de ayudar a los demás en miles de avisos de UVI móvil, helicópteros y coordinación avanzada en desastres y catástrofes. En cada intervención, trataba a pacientes y compañeros con el mayor respeto y cuidado, consciente de que no hay nadie más vulnerable que la persona que ve su propia muerte o la de sus seres queridos. La imagen de nuestro equipo de emergencia, con nuestros uniformes naranjas, a menudo significaba la diferencia entre la vida y la muerte. Los *abuelillos*, solos o en pareja, siempre requerían el mayor cariño del mundo, algo que nunca pasé por alto.

Estas experiencias me proporcionaron suficiente capacidad financiera para solicitar mi primer préstamo en 1998 —que cuento en el siguiente capítulo—, lo que supuso el primer paso en un viaje que me llevó a fundar treinta y tres empresas en siete países; encendieron en mí la llama de la creación de riqueza y el emprendimiento, que aún hoy sigue más viva que nunca.

Sin duda, para alcanzar tus sueños empresariales y económicos, se necesita inquietud y pasión.

Hacerse rico nunca debe ser el objetivo principal, sino una consecuencia de la conjunción del trabajo, el esfuerzo y la experiencia: aprender cada día de todo y de todos, ver lo mejor de las personas, rodearte de ellas y alegrarte más que ellas cuando les pasa algo bueno.

Hacerse rico nunca debe ser el objetivo principal, sino una consecuencia de la conjunción del trabajo, el esfuerzo y la experiencia.

El objetivo debe ser siempre tu proyecto, apoyado en la calidad del producto o servicio, con su dosis de sostenibilidad y de solidaridad y, sobre todo, entender el marketing como la promoción de tu objetivo, su creación y la fórmula para que el consumidor acceda a ese producto o servicio. Ese es el verdadero sentido del marketing: ¿qué hace que una persona te escoja a ti?

Yo tardé más de veinte años en conseguirlo. Viajé muchísimo, me enfrenté a mucha inexperiencia en países desconocidos y viví muchas aventuras que ahora puedo contar pero que en su momento me hicieron temblar de miedo. Atravesé numerosos fracasos y ruinas; pasé necesidades. Y es que siempre tuve el mismo problema: decía sí a todo. Todos los negocios e ideas me parecían posibles y me lanzaba a ellos. Obviamente, me estrellé muchas veces y fui el *tonto motivado* del que hablaré en algún capítulo más adelante. Mientras tanto, creo que es importante recordar que cada cinco días me vestía de uniforme y de mi mejor sonrisa y hacía una guardia de 24 h... hasta 2017.

Con los años he aprendido mucho, sobre todo a aprender cada día y a desaprender lo inútil; a rodearme de las águilas y no a nadar con los patos; a planificar el objetivo; a escoger bien al socio; a elegir mi camino en la vida antes de que la vida lo elija por mí, y a aceptar consejos de quienes tuvieron éxito y no de la cantidad de *coaches* y mentores que en la mayoría de las ocasiones no saben de lo que hablan.

Creo que este puede ser de los pocos libros hechos desde la realidad de la calle, desde la experiencia emprendedora y empresarial. Cada capítulo es una fase de mi viaje de emprendimiento donde relato las experiencias y los aprendizajes que han marcado mi vida. Lo quiero compartir porque creo firmemente que esta lectura puede proporcionar herramientas muy valiosas a quien empiece o esté inmerso en su propio camino empresarial.

3. La primera de las 33 empresas: Los caracoles

En 1998, creamos la primera empresa. Surgió como muchas, en una reunión de amigos con la intención de tener una ocupación extra. Recuerdo que en aquel momento se hablaba del negocio de las lombrices, los champiñones y los caracoles. Nos decantamos por estos, «que todos sabéis que son una *mina de oro* y que, si te dedicas a ellos, te haces rico enseguida». Terminó siendo un desastre, además de un negocio lento, baboso, cornudo y *arrastrao*.

Pero allá que nos lanzamos tres ignorantes, con más ganas que cerebro, a Zaragoza, a aprender cómo criar caracoles. Lo mejor de esa experiencia fue nuestro instructor, un tipo medio arruinado que vivía en una casona en el campo, sucia a más no poder. La primera noche que dormimos en su casa, yo solo pensaba en que podría entrar con un hacha a hacernos cachitos. Recuerdo que se quitaba el plato de la mesa, lo bajaba al suelo para que el gato comiera y luego seguía comiendo él, mientras su mujer, una francesa bohemia, tocaba y cantaba canciones horribles, que suponía que eran algún tipo de ritual para sacrificarnos.

Y allí estábamos, escuchando y bebiendo una pócima que él llamaba *vino* en unos vasos que no se limpiaban desde que los compró y que, en algún momento de su pobre existencia, fueron transparentes.

No hay película de miedo que pueda recrear esa casa en el campo al borde del río Ebro con esa pareja y ese entorno. Pero como habíamos pagado, éramos jóvenes y muy educados, ahí estábamos nosotros, dispuestos a aprender o a morir de una sepsis en el intento.

El banco nos dio un préstamo de 1 500 000 pesetas (9000 €) a cada uno y montamos nuestra granja, a la que le echamos mucho tiempo, todo nuestro dinero y la mayor de las ilusiones. Nos metimos en el mundo de la helicicultura (cría del caracol) y, aunque te parezca mentira, había, efectivamente, mucho interés. Enseguida me di cuenta de que el negocio no estaba en criar caracoles, sino en enseñar a otros a criarlos, pues lo que daba una granja tipo al año, un invernadero de 1000 m^2, lo vendíamos en una semana, y yo quería más. Ese siempre ha sido mi problema o mi virtud: siempre quiero más.

Montamos esa primera empresa, que se llamó Instituto Ibérico del Caracol, y recorrimos España entera montando granjas de caracoles con un sistema muy bien ideado. Al cliente le proponíamos ir a su casa o a su campo para enseñarle cómo se criaban los caracoles, le vendíamos todo el material y, lo más importante, le comprábamos toda la producción que sacara. El negocio era genial porque, como se dice ahora, se trataba de *economía circular.* Aunque ha llovido mucho desde entonces, lo recuerdo con cierto cariño, pero aquellas semanas me quería morir.

Creamos más de 15 granjas en ocho meses, y llegó el momento de entregarles a todos los caracoles reproductores para que pusieran los huevos en sus respectivas instalaciones. Sacamos esos caracoles de nuestra propia granja y de la de mi querida pareja bohemia de Zaragoza —sí, la del gato y las canciones—. Por supuesto, nos quedamos a dormir allí de nuevo con toda la liturgia: vasos opacos, gato, canciones, cama de la niña de *El exorcista,* ruidos maravillosos, etc. Como era un viaje idílico y utópico, me llevé a mi novia; no hay mayor muestra y entrega de amor y romanticismo que meterla en un camión alquilado que olía a caracoles, llevarla a la casa donde ni a Iker Jiménez se le ocurriría ir y hacer 3000 km en una semanita durmiendo en los mejores hostales y pensiones de la España profunda. Ahí entendí perfectamente el concepto de la España vaciada y lo variopinto de la nomenclatura de los pueblos y sus simpáticos residentes.

El camión era pequeño, de cajón cuadrado independiente y refrigerado para mantener a los caracoles operculados (encerrados, invernado en su concha). Nos pusimos en marcha y salimos de Málaga, pero cuando estábamos casi llegando a Madrid, se rompió el motor. Tuvimos que esperar 6 h a que el muchacho que nos lo había alquilado viniera con otro camión desde Málaga. Cuando eres joven y no tienes dinero, eliges lo más económico, que en este caso eran otros ignorantes como nosotros que montaron una empresa de alquiler de furgonetas y camiones, pero las experiencias son para vivirlas.

Seguimos nuestro camino y, a los dos días, nos quedamos tirados en una carretera de un pueblo de Teruel. Mi Motorola StarTAC no cogía cobertura, estaba cayendo una cortina de agua impresionante y, por supuesto, pasaba un coche a la hora y con poca intención de pararse. Al final, un alma cándida y caritativa nos llevó a un pueblo. Regresamos al día siguiente con una grúa y fuimos a la localidad más cercana, donde habría un taller. Pero, amigo, sin frío en el camión, los caracolillos empezaron a despertarse. Yo no sabía qué hacer; solo maldecía pensando que ya no podía pasarnos nada peor. Se me ocurrió que, como el camión se podía enchufar a la corriente para su refrigeración, podía buscar a alguien que pudiera tener un cable de camión, así que empecé a llamar casa por casa a las 21:00 h de la noche en ese pueblo de Teruel. Como la constancia siempre vence al talento, después de muchos intentos, finalmente encontré a un chófer de un camión de reparto que me dejó el cable toda la noche.

Aquella experiencia resultó finalmente muy positiva: conocimos a mucha gente y vendimos muchísimos caracoles; tantos, que no teníamos bastantes, así que decidimos ir a Marruecos a comprarlos, pero eso se merece otro capítulo.

Lo mejor de todo es que aquella novia que me acompañó, Maite Bernal, se convirtió en mi esposa, mi compañera, mi socia, la madre de mis tres hijos y la persona que más admiro, quiero y valoro en los 31 años que llevamos juntos; esa sí que es una buena historia.

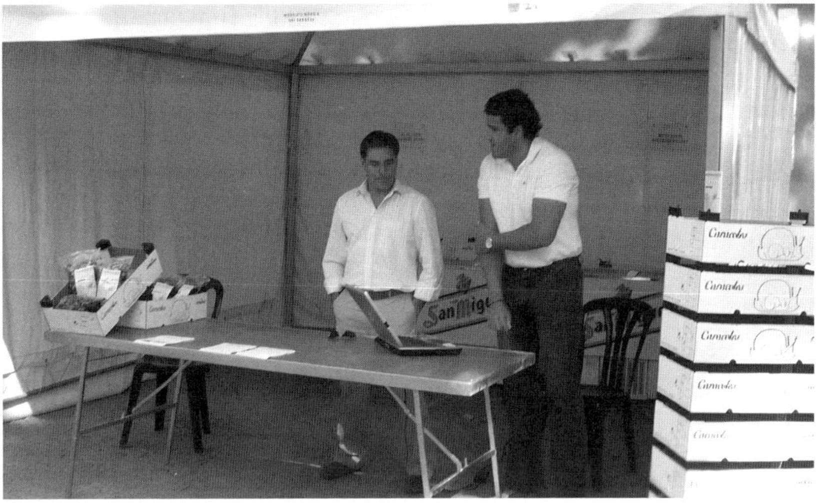

Vendiendo caracoles junto a Carlos en un estand de Gerona.

¿Qué aprendí?

Aprendí que la constancia siempre vence al talento. Todos tenemos talento y, aunque ahora parece estar sobrevalorado, resulta algo muy común. Seguro que todos conocemos a alguien con talento: un hijo, un hermano o incluso nosotros mismos. Sin embargo, a menudo la falta de esfuerzo o de motivación impide que se desarrolle plenamente. Nos excusamos en que esa persona es vaguilla o, peor aún, no quiere. Talento es tener oído para la música, pero para ser un *crack* tienes que estar practicando una serie de horas diarias. Esto lo explica muy bien alguien que seguramente conoces, un tal Rafa Nadal. Escuché que dijo una vez que juega al tenis igual que cualquiera de nosotros; la única diferencia es que él practicó 6 h diarias desde los seis años.

La constancia siempre
vence al talento.
Rodéate siempre de gente TACO.

Aprendí, y estoy convencido de ello, que la mayoría de las personas son buenas. Hay canallas, pero son los menos. Lo normal, o así lo creo yo, es que la gente sea buena. O, al menos, si lo crees así, te rodeas de gente buena. Justo estaba pensado esto esta mañana mientras cogía un vuelo donde viajaba una niña de unos ocho años sola, continuamente atendida por los tripulantes y acompañada por personal de vuelo. ¡Cómo no vamos a ser el 99 % buena gente!

Con los años me inventé un acrónimo: TACO. En Andalucía, cuando se usa en una frase, significa «muchísimo». Por ejemplo: Este/a chico/chica me gusta *taco*, esto es *taco* peligroso, etc. Quiero a mi lado personas que valgan TACO, es decir, personas con:

- **T**alento
- **A**ctitud
- **C**ompromiso
- **O**ptimismo

El talento es la peculiaridad que puedes explotar para ser mejor, incluso si es aprendida e interiorizada; la actitud es la forma de usar tu talento, de enfrentarte a tus retos y tus objetivos, a tu entorno; el compromiso es precisamente la actitud que vas a tener con esos objetivos y con tu cometido diario, y el optimismo es la actitud positiva que tienes ante la vida.

En tus empresas y tu entorno tienes que elegir siempre a personas TACO y deshacerte rápido de las que no lo son. Al triste que lo aguante otro y el mediocre que se busque otro sitio. En las compañías nuevas o con pocos empleados y facturación, un triste, un desmotivado, da igual el escalafón, te destruye. La motivación y todas esas teorías de los líderes están muy bien cuando puedes, pero todo el mundo no es motivable; lo intentas y, si es no, es mejor que no, es mejor que no te contamine. Yo he trabajado con socios, compañeros y empleados vitamina, y solo estar a su lado ya supone un privilegio. Todo lo hacen más fácil y ameno, y además las cosas suelen salir bien. He trabajado con auténticos tristes y personas tóxicas a las que, por entender mal el liderazgo, he intentado motivar, llevar a un punto más positivo, cambiar de puesto, pagarles más, pero como dicen en los pueblos, «el que nace lechón muere cochino». Esto es un tema muy personal que cada uno debe valorar, pero como este es mi libro y mi experiencia, la quiero compartir.

Si alguien busca un libro políticamente correcto y teórico lleno de buenas palabras, este no lo es. Para mi mí ser políticamente correcto en nuestra época actual es renunciar al criterio propio por conseguir la falsa aceptación de una mayoría de imbéciles.

4. Primera etapa: Marruecos

Fui a Marruecos por primera vez sin conocer a nadie; solo había oído que allí se vendían los caracoles en pueblos como Souk El Arbaa, Bel Ksiri y Alcazarquivir. Tomar el *barco de la ilusión* entre Algeciras y Tánger fue una experiencia fantástica. Meter mi coche en el barco, pasar la frontera, evitar los primeros engaños y saber rellenar la cantidad de papeles fue todo un desafío. Además, cuando vas con cara de pardillo desconfiado, eres carne de cañón. En Marruecos, cualquier niño de nueve años le da mil vueltas a cualquier europeo de veinte en términos de empatía y conocimiento de la calle y del arte de la simpatía para conseguir sus objetivos. Es un arte que solamente lo despierta la necesidad. De eso te das cuenta nada más llegar; y también de que eres un novato, te sientes novato y te hacen sentir novato.

Recuerdo una tarde en la que se nos hacía de noche, perdidos en los pueblos de interior de la zona norte, donde no había electricidad. Solo se veían luces de gas conectadas a bombonas, que eran los quioscos de abastecimiento en los pueblos, y las carreteras sin asfaltar atestadas de gente yendo y viniendo.

Mi presencia en esos pueblos desconectados siempre atraía a decenas de niños que venían a pedirme cosas o simplemente a saludarme. ¡Y cómo me engañaron la primera vez! Fue un aprendizaje forzoso y por la fuerza: después de visitar a muchos productores de caracol de la zona, me decidí por uno. Su historia tampoco tiene desperdicio. Se llamaba Yusuf. El amigo Yusuf llegó en patera a España unos años antes y, por suerte o por desgracia, lo atropelló un coche en Alicante y le dieron una indemnización millonaria con la que se volvió a Marruecos y se hizo el jefe de toda una zona. Yusuf me vendió la primera carga de 1500 kg de caracoles un martes, con pago por adelantado (otro error), y me dijo que el lunes de la semana siguiente estaría todo listo. Recuerdo que la carga estaba repartida en sacos de red de 5 kg, unos trescientos. Y luego los sacos se metían de dos en dos en una caja de plástico como las que se usan para la fruta.

Habíamos acordado que la entrega sería ese lunes en las afueras del puerto de Tánger, por lo que yo debía alquilar un camión pequeño en Málaga para ir a Marruecos a por la carga. Es decir, su gente subiría con un camión de Souk El Arbaa a Tánger y yo cruzaría la frontera, saldría de la ciudad y nos encontraríamos en el cruce hacia Arcila (Assilah), cerca de Tánger. Previo a esto, yo debía averiguar cómo se cruza la frontera con 1500 kg de animales vivos. Puede parecer una tontería, pero si cruzar con algo es burocráticamente complicado, en el sector de la alimentación y, más aún, en el de los animales vivos, resulta todavía peor, y encima, sin tener *pajotera* idea. Menos mal que unos meses antes pagué la novatada con un experimento: traerme 100 kg de caracoles de Chile —donde se produce mucho caracol— por avión. Obviamente no pude recogerlos así sin más, pero gracias a amables agentes de la Guardia Civil, Aduanas, veterinarios, sanidad, etc., me enteré de que hacía falta un registro sanitario de exportación, certificado fitosanitario, certificado de origen, factura y albarán (*packing list*), entre otros documentos.

En Marruecos el tema de la documentación fue bien; el problema surgió el lunes, cuando llegué en el primer barco y allí no había nadie. Me puse a llamar y llamar y nadie cogía el teléfono. Dieron las cuatro de la tarde y el último barco estaba listo para irse cuando me llamaron para decirme que la carga estaría lista el martes a primera hora. Maldije todo lo maldecible sin saber qué hacer. Sin dinero, sin poder entregar el camión, perdiendo el barco de vuelta y sin posibilidad de regresar al día siguiente, me quedé a dormir en el camión cerca del puerto.

A la mañana siguiente volví al punto de encuentro, pero tampoco había nadie. Me llamaron y me dijeron que llegarían en 30 min, pero pasaron 3 h y nadie apareció ni respondió a mis llamadas. Finalmente, a las tres de la tarde, Yusuf me llamó y me dijo: «Frasisco, Frasisco, mejor jueves, jueves tener caracol».

Así que ese martes me volví de mi primera importación con todo perdido: la ilusión y el dinero del alquiler del camión, del barco y de los caracoles.

¿Qué hice entonces? Pues irme de nuevo, porque me quedó claro que el precio, el negocio y la oportunidad estaban allí. Solo necesitaba encontrar a alguien más serio con quien trabajar.

Esperando en Tánger.

¿Qué aprendí?

Jamás volví a pagar por adelantado. Decidí ir personalmente a recoger los caracoles en las instalaciones y me preparé para quedarme dos o tres días. Aprendí, después de cruzar la frontera siete veces con un camión alquilado, que no se podía pasar con camiones alquilados a Marruecos. Me las ingenié para cruzar sin esperar mucho en Ceuta.

Aprendí a caerles bien hasta a los perros de la Guardia Civil, y descubrí que tenemos un país maravilloso a solo 14 km de España.

Vendí tantos caracoles en esos meses que decidí montar mi primera fábrica y crear un cocedero industrial, algo que no existía antes. También aprendí que si un marroquí te dice «estoy llegando», significa que tardará entre 3 min y 3 días, más o menos como cuando en Andalucía te dicen «ahora después voy».

Con estas experiencias empecé a aprender porque, aunque parezca fácil, el aprendizaje también lleva su entrenamiento. En este punto quiero recordar a mi amigo Euprepio Padula, que tengo el honor de que ha escrito el epílogo de este libro, quien habla de la importancia de decir «hola», «adiós», «por favor» y «gracias» con una sonrisa ya que, tal y como dice en su libro *Don de gentes*, puede suponer el 50 % del éxito, a veces más, y frecuentemente hace que el 75 % de los fracasos te afecten menos o tus acreedores te entiendan mejor.

Hay que entrenar la educación y la empatía y transmitir positivismo.

Es curioso que ahora se hable mucho de *soft skills*, y no es más que tener educación y empatía y transmitir positivismo. Muchas veces no es fácil, no hay ganas. Además, la juventud actual valora menos estas habilidades y resulta menos comunicativa. Por eso mismo hay que entrenarlas, ya que los resultados son brutales. Lo mejor de todo es que es gratis y saludable y que estas habilidades van calando en ti hasta que te salen de forma natural y te lo transmites a ti mismo. Como dice otro amigo y excompañero del 061, la risa nunca estorba, es barata, contagiosa y beneficiosa.

5. La Taberna Toribios, el cambio de milenio y la boda con el amor de mi vida

El año 1999 fue convulso y prolífico; me convertí en multiempresario, aunque eso no significaba ganar dinero, sino acumular deudas. En ese momento, ya gestionaba cuatro empresas, y seguía cumpliendo con mis guardias en el 061. Estaba desfondado. Pero, por mi forma de ser, «si me tocan las palmas, me pongo a bailar», así que años después el panorama es bastante diferente: he creado 33 empresas y actualmente gestiono 14. A pesar de todo, todavía me parecen pocas.

Descubrí más tarde que era un insensato y un inconsciente; aceptaba cualquier cosa que me proponían. En ese año ya llevaba varios meses cotizando el doble. De hecho, actualmente soy de las pocas personas en España —no sé si hay algún otro tonto más como yo— que tiene más años cotizados que años de vida laboral. Es un dato muy curioso con el que suelo abrir mis ponencias.

En ese año de cambio de milenio, mi vida era un torbellino de actividades. Trabajaba en guardias de 24 h en el 061 cada cinco días, atendía mi granja de caracoles, importaba mercancía y daba cursos de helicicultura. Además, era un apasionado de las motos y tenía una Honda África Twin 750 cc, que era mi orgullo. Sin embargo, cuando me ofrecieron el traspaso de un bar de tapas de 180 m^2 en una ubicación excelente de Málaga, decidí vender la moto y financiar el traspaso.

Desde niño siempre fui aficionado al bricolaje, aunque a menudo perdía las herramientas, lo que irritaba a mi padre. Motivado por esta pasión, comencé a reformar el local como había hecho siempre, con la ayuda de mi compañera de vida, mi novia desde los 17 años. Maite ha estado a mi lado soportando y apoyando mis incontables aventuras y uniendo su sudor al mío en cada proyecto, en cada desastre y en cada alegría. Es un símbolo de tenacidad, constancia, trabajo y capacidad de adaptación a cada desafío al que nos hemos enfrentado juntos.

La taberna era un espacio lleno de madera decorado con algunas cabezas de toro y espadas. La llamé Taberna Toribios y, desde que abrimos las puertas, logramos un lleno absoluto todos los días con una clientela entre 25 y 65 años ávida de jamón, queso y tapas. Y es que empezamos a ofrecer una tapa grande de cortesía, siguiendo la práctica popular en Granada y Almería. El éxito fue tal, que a los pocos meses yo ya solo regentaba el local para supervisar cuando podía.

Esto me llevó a aceptar la propuesta de otro conocido para involucrarme con él en una promoción de naves industriales. En aquella época todo lo relacionado con el ladrillo pintaba bien; de hecho, el *boom* inmobiliario estalló en ese período, pero no lo supimos aprovechar, y mi socio, que honesta y generosamente me dio el 50 % de esa empresa promotora, no supo ver las oportunidades que yo percibía continuamente. El temor reverencial es muy complicado de gestionar y me limitó con esta buena persona, que era unos 25 años mayor que yo. Construimos tres naves industriales en un pueblo de las afueras de Málaga, una mala decisión ya que no logramos venderlas rápidamente. Finalmente, él me pidió dejar el negocio, y yo cedí mis acciones a pesar de tener todo el derecho de mantener mi 50 %.

La taberna estuvo funcionando durante cinco años, entre los 24 y 29 años de nuestra vida. Fue un período que recuerdo relativamente feliz a pesar de que trabajábamos incansablemente los siete días de la semana para cumplir unos sueños que nunca llegaban mientras yo seguía entrampándome. Empezamos a copiar de otros locales la idea de celebrar despedidas de solteros, así que contratamos a una agencia que nos enviaba *strippers*, tan demandados en esos momentos, o cualquier otro espectáculo, cómicos, actores, etc., todo a gusto del consumidor. Teníamos una zona en el primer piso de casi 100 m^2, muy reservada, donde se podían organizar fiestas con capacidad para cuarenta personas, y nosotros encantados. Tenemos cientos de anécdotas de esos años.

En julio de 2000 me casé con Maite después de siete años de novios. Ese mismo año, recuerdo que tuvimos muchísimo trabajo en la taberna, cobrando, además, en euros y en pesetas. Sin embargo, a pesar de todo el esfuerzo que hicimos, no logramos los frutos esperados, lo que nos llevó a distanciarnos casi un año. Ese tiempo lo pasamos muy mal.

Llegué al punto de querer romper con todo e irme a vivir a Costa Rica, donde conseguí trabajo como instructor de buceo —el primer título que me saqué en mi vida fue el de buzo profesional en 1994— en un Hotel Marriott y como profesor de Criminología en la Universidad de San José. El día D, ya con el visado en mano, recuerdo perfectamente cómo le dije a Maite que me iba y que no podía más. Ese día ella me dijo que se venía conmigo.

No puedo explicar con palabras cómo fueron esos días. Resurgió un enamoramiento con la fuerza de un volcán, pero con una peculiaridad: la lava que se solidificó de ese volcán ha hecho que esa sensación de estar enamorados, que casi siempre dura un tiempo, haya permanecido hasta nuestros días. Y estoy seguro de que nunca se irá.

Lo único bueno de pasarlo mal es que deja ciertas heridas que te recuerdan quién eres, a quién tienes al lado y qué hiciste bien o mal. El mayor problema en nuestras vidas vendría más tarde. Lo peor estaba por llegar.

Maite y yo en nuestra taberna.

¿Qué aprendí?

Aprendí, en relación con mi socio de las naves industriales, que una cosa es el derecho legal que tienes sobre algo y otra el derecho moral; que en esta vida, cuando eres generoso y das sin esperar nada a cambio, normalmente te viene devuelto, mientras que, si esperas a que tener dinero de sobra para dar, seguramente no obtengas nada o te quedarás solo. Para ser buen empresario, buen médico, buen profesor, buen político, etc., primero tienes que ser buena persona.

También aprendí que es más fácil copiar que inventar. Inventan los genios, y hay muy pocos; yo no soy uno de ellos, pero sí un excelente copiador. Si ves algo que funciona y se te ocurre cómo mejorarlo, el éxito puede estar asegurado.

Entendí que una tabla de costes debe analizarse de forma global y hacer la media general, lo que significa que, aunque ganara menos por cliente, tenía muchos más clientes que finalmente aumentaban mi beneficio.

Para explicarlo mejor, en una empresa tienes siempre costes directos (CD) y costes indirectos (CI), y la suma de todos es el coste total (CT). Normalmente se establece un precio de venta (PV) por encima del CT, diferencia a la llamamos *margen de beneficios* (BN). Sin embargo, también existe el denominado *margen de contribución*. Aunque puede parecer un poco complicado al inicio, cuando lo valoras cuidadosamente y lo entiendes, puede ser la diferencia entre el éxito y el fracaso.

Esta es una de las mejores lecciones antieconómicas (algo que difícilmente un teórico o en una universidad te enseñarán) que aprenderás o recordarás. Se trata de valorar a uno o a varios clientes y decidir venderles por encima del CD pero por debajo del CT. Así, pagas el producto directo y, en cierta medida, colaboras en cubrir los CI. No ganarás dinero inicialmente, pero lograrás que, con el volumen de negocio, esos CI disminuyan considerablemente. Los siguientes clientes los tendrás a un CT más bajo y más cercano al beneficio.

Al final se trata de tener un producto que atraiga a la clientela, aunque no genere ganancia por sí mismo, sabiendo que luego consumirá más productos con un buen margen. Vender mucho de un producto que no genera ganancias pero que contribuye a los costes fijos hace que obtengas más beneficios con los demás productos. En resumen, el volumen trae rentabilidad.

Siempre les decía a mis comerciales que todos los productos tienen su precio en el mercado y que nosotros debíamos saber perfectamente a cuánto tenemos que poner el precio para que se vendan. Ahora bien, si estamos rozando los costes, hay que tener la potencia comercial para dar miles de impactos y hacer volumen.

Al punto de equilibrio de una empresa se llega cuando vendes lo necesario para pagar los CT; a partir de ahí empieza a dar beneficios. Pero claro, si no llegas a ese punto, vender por debajo de los CT puede parecer un suicido. Sin embargo, si evaluamos bien el negocio, a la población, a nuestro cliente diario, etc., podríamos bajar los precios por debajo del CT, pero siempre por encima del CD, con la esperanza de que nos dará un volumen de ventas mayor.

Muchas veces esta estrategia es la que hará de tus negocios un éxito. Es un riesgo, sí, pero, si estás leyendo este libro, es que ya eres una persona arriesgada. No es un problema correr un riesgo, sino calcularlo bien para que las posibilidades de estrellarse sean menores.

6. La primera fábrica, la primera ruina

Entrando en el nuevo milenio, vendía miles de kilos de caracoles a los cocederos industriales de España. Compraba y vendía a las granjas que había montado, así que decidimos hacer lo que todo emprendedor hace: endeudarnos por segunda vez sin haber pagado la primera. Esta vez la cosa se puso más seria.

Pensé que debíamos cocer el bicho en línea, es decir, meterlo por un lado y sacarlo por otro, así que diseñamos un cocedero lineal que con una especie de lavadora horizontal y una helicoidal interna al girar hacía avanzar el producto.

Alrededor de 2005, recién cumplidos los treinta años, alquilé una nave industrial de unos 200 m² y la dividí en una sala grande de elaboración que albergase el cocedero, una sala de envasado, una pequeña oficina, una cámara de mantenimiento de congelados (−20º), una cámara de refrigerado (4º) y un túnel de ultracongelación (−40º). Por supuesto, pasamos por todas las novatadas de poner en marcha una instalación industrial: caldera de vapor, compresores de aire, refuerzo de electricidad, etc.

Aprendí mucho de fontanería, electricidad, albañilería, hidráulica, pinturas industriales, etc., porque lo hicimos todo nosotros, para variar. Unos años antes ya nos habíamos hecho expertos en cimentaciones, hierros y alambres porque montábamos las granjas de caracoles, que eran estructuras de invernaderos típicas. Si algo tengo que valorar en todos estos años son mis manos, que nunca se abrieron para pedir. Más adelante explico cómo estuve a un paso de estar en la calle, pero estas manos me salvaron la vida cuando todo se torció. Saber todo lo anterior fue vital, nunca mejor dicho.

De toda esta experiencia tengo una anécdota que siempre cuento: monté todas las tuberías de la sala del cocedero industrial soldándolas con estaño y cobre. Una vez terminado, vino una especie de consultor y me dijo que las tuberías de cobre en una industria alimentaria no pasarían la inspección de la Administración, así que tiré de inventiva, compré cinco esprays de pintura color acero inoxidable y quedó como Dios. Yo no mentí, y el inspector no preguntó nada. Todo brillaba como el acero, y tan contentos.

Hacer las cosas sin dinero tiene su parte romántica cuando lo recuerdas. Poner falsos techos para que pareciera todo techado y ser usuario *premium* de la página de anuncios de segunda mano era mi día a día. Si estaba usado, mejor; si era más barato, mejor, y si me lo regalaban y lo podía arreglar, mejor que mejor.

Y empezamos a cocer, a viajar y a vender. Esto no le hacía mucha gracia a mi competencia. Por el desconocimiento que teníamos del mercado, no sabíamos que el precio del caracol envasado sube y baja mucho según las temporadas. Sin darnos cuenta, nos habíamos metido en una liga de tres o cuatro grandes fabricantes que controlaban todo el mercado y, por supuesto, no iban a permitir que irrumpiéramos en él. En cuestión de seis meses nos echaron a patadas de su mercado bajando los precios. Cuando el caracol estaba barato, estas compañías congelaban millones de kilos, y cuando estaba caro, se mantenían con sus *stocks*. Yo, al ser pequeño, solo podía vivir de lo que compraba cada semana, con lo que me quedé sin mercado en cuestión de meses, y me vino lo que yo entendí como *arruinarse*. Perdí a los empleados y acumulé deudas con Hacienda y con la Seguridad Social, con el banco y con los proveedores. Me quería morir... pero esto no fue importante, solo una ruina empresarial, nada en comparación con lo que estaba por llegar.

En la organización de la fábrica-cocedero y siendo un pipiolo inexperto y lleno de buena voluntad, creía que la gente tenía la misma buena voluntad que yo. Lo primero que hice, dado que acababa de terminar la carrera de Criminología y me había especializado en violencia doméstica, fue llamar a la abogada del servicio público de prevención de violencia de género del ayuntamiento. Necesitaba a muchas personas para trabajar y le pedí que me enviara a todas las mujeres vulnerables que necesitaran ayuda y empleo. No te imaginas los conflictos que se generaban entre ellas y conmigo.

Como empresario novato, me di de bruces con una sociedad que me estigmatizaba. Empecé a darme cuenta de la injusticia que sufrimos con la palabra *empresario*. Yo solo era un soñador ignorante que se dedicaba a trabajar y trabajar sin cobrar, endeudándome y creando empleo. Sin embargo, los estigmas hacían que muchas veces me vieran como un enemigo, como ese jefe empresario de puro y *whisky* que solamente quiere explotar a los trabajadores. El término *empresario* está tan demonizado que incluso ha sido necesario acuñar el de *emprendedor*, que suena más *cool* y amigable, aunque en esencia es lo mismo. Esta es una de tantas creencias e injusticias sociales que se cometen, y solo tenemos que ver continuamente cómo, y lo explico con un símil, «algunos responsables maltratan a la vaca que les da la leche»: en España hay 3.5 millones de empresas, de las que únicamente unas 15 000 tienen más de veinte trabajadores, y solo unas 1600, más de doscientos. Es decir, el 99 % de los empresarios de este país hemos sido muy currantes muy arriesgados, hemos cobrado los últimos cuando hemos podido cobrar y nos hemos arruinado por las deudas contraídas en el intento de hacer realidad un sueño que conlleva la creación de riqueza colectiva y empleo.

La empresa privada, que representa aproximadamente un 37 % del total, sostiene todo el sistema o, lo que es lo mismo, un 37 % sostiene al 100 %, ya que los empleados públicos y los funcionarios pagan impuestos, pero salen también de las arcas públicas de donde se obtienen sus salarios brutos.

Sería ideal que las empresas no retuvieran nada a los empleados y que estos pagaran cada mes la brutalidad que se da al erario público. Esto haría que vieran primero su sueldo íntegro en su cuenta corriente y valoraran mucho más a quien los contrata. Sin embargo, esto nunca ocurrirá porque cualquier Gobierno prefiere, por un lado, que sean las compañías las que paguen esos impuestos en nombre del trabajador y, por otro, que este se mantenga en la creencia de que solamente cobra el sueldo neto, pensando que las empresas le retienen dinero. Sin contar, por supuesto, que con la picaresca española, si dependiera de cada trabajador ingresar cada mes a Hacienda, todos sabemos, aunque suene políticamente incorrecto, que se recaudaría mucho menos. Así que, de esta manera, se matan tres pájaros de un tiro.

La primera fábrica de caracoles.

¿Qué aprendí?

Aprendí que no hay que ser ni bueno ni malo, sino justo. Esta frase me acompañará muchos años. Pongo un ejemplo: llega Navidad, una época en la que se vendía mucho, y contrato a una persona para dos meses. Como había escuchado que cuando despides a alguien le tienes que avisar con 15 días de antelación, el 15 diciembre, justo antes de empezar las ventas, le digo que no hará falta después de Año Nuevo, pero que está la primera en la lista para volver a llamarla. Tres minutos después la veo irse del trabajo sin decir nada a nadie. Una hora después llega una señora que dice que es su madre y me entrega una baja médica por depresión. Consecuencia: me quedo en plena campaña sin una trabajadora, tengo que contratar a otra y, además, pagar parte de la baja de la anterior, con lo que cualquier beneficio que esperaba obtener esos días se esfuma debido a este asunto.

No hay que ser ni bueno ni malo, sino justo.

Esta es la bonita ley laboral española que deja desprotegido totalmente al emprendedor, no solo en este aspecto, sino en muchos otros. No se tiene en cuenta que una empresa herida, que sangra, supone un peligro inmediato para los empleados que tiene.

También aprendí, y lo he aplicado toda mi vida en todas mis empresas y con todos mis trabajadores, que con ellos nunca hay que escatimar. Hay que ser legalmente justos y crear un ambiente de trabajo de solidaridad, respeto y liderazgo, nunca de mandato y rigor. Un empleado que trabaja a gusto rinde un 25 % más, y si está bien remunerado y acorde con el mercado, mucho mejor.

Comprendí que los trabajadores han de conocer los objetivos de la compañía y considerarlos parte de sus vidas, dado que pasan un tercio de su tiempo en el trabajo. Es fundamental que colaboren, sean escuchados y atendidos, ya que cada persona tiene un valor enorme, aunque a menudo no lo sepa o sienta el síndrome del impostor cuando se le pide opinión o consejo. En este sentido, aprendí que de los empleados se puede obtener un enorme aprendizaje.

Por todo esto, me gusta adoptar esta definición de liderazgo: «El liderazgo no es motivar e inspirar a los demás para que confíen en ti, sino motivar e inspirar a los demás para que confíen en ellos mismos».

7. Los mejillones

El primer gran fracaso con los caracoles se prolongó en un círculo vicioso que parecía no tener fin. Todo iba mal y todo lo que se intentaba seguía saliendo mal. Si sales de una empresa con deudas, no puedes acelerar otra porque dentro de tus costes está lo que debes de la anterior; como no tienes dinero, no puedes contratar a la gente que te hace falta, el banco no te presta porque ya estás señalado y un largo etcétera que se va encadenando.

Tuve que dejar el negocio de los caracoles por lo que yo consideraba que era una ruina, que es básicamente tener deudas que no puedes pagar, embargos, enfrentarte a problemas todos los días, ver cómo tu marca personal se deteriora completamente, perder credibilidad en tu sector y vivir en una auténtica calamidad. Tu vida se convierte en un continuo pesar sin fin aparente: la empresa pública en la que trabajaba, el 061, me llamó para decirme que tenía el sueldo embargado; Hacienda enviaba cartas a mis clientes para que no me pagaran a mí, sino a ellos; mis proveedores llamaban constantemente para cobrar algo incobrable, etc. Cuando te quedas sin dinero, no solo te afecta a ti, sino a las personas y empresas que confiaban en ti, lo que resulta muy difícil de sobrellevar, ya que te obliga a pedir prestado a amigos y familiares sin ninguna garantía de poder devolverlo.

Hacienda no sabe el daño que hace con el envío a proveedores de esas maravillosas *cartitas* —por no decir algo mucho peor— blancas y negras porque, en este mundo de envidias, malicias y cotilleos, lo que consigue es destruir tu reputación, frenar tu progreso y sembrar la desconfianza en ti durante años. No solamente dificulta tu recuperación, sino que, incluso cuando logras salir a flote, te ves obligado a cambiar de sector porque los proveedores que recibieron esas comunicaciones ya no te apoyarán en absoluto.

Pero había que reinventarse de nuevo. ¿Para qué podíamos usar un cocedero industrial de caracoles con salas de envasado, cámaras de frío, etc.? Pues se nos ocurrió intentar reconvertirlo en un cocedero industrial de pescado. Probamos con algunas especies hasta que, por casualidad, descubrimos que habíamos diseñado un cocedero ideal para mejillones. Teníamos una capacidad de cocer unos 500 kg/h. Y nos pusimos a ello.

Mi socio en ese momento, Carlos Barrera, a quien le dedico este capítulo y parte de mi vida empresarial, fue un mentor y un maestro como empresario. Diez años mayor que yo, como empresario ya había pasado por varias compañías y algún que otro altibajo. Nos conocimos cuando me contrató para crear una granja de caracoles. Aprendí tanto a su lado que quise que fuera mi socio en esa nueva etapa, uniendo nuestros esfuerzos y prácticamente nuestras vidas.

Comenzamos varios años de viajes en coche, esta vez únicamente por España y Francia. Hicimos miles y miles de kilómetros juntos, íbamos cada dos semanas a Galicia, visitábamos ferias y hacíamos de todo, como cualquier emprendedor: éramos administrativos, fabricantes, cargadores de cajas y camiones, envasadores y, sobre todo, comerciales.

Lo primero fue aprender del mejillón en su entorno natural, en Galicia y sus rías. Descubrimos que es un animal que filtra continuamente, lo que permite que el agua del mar atraviese prácticamente su cuerpo todo el tiempo. Por esta razón, resulta crucial que el agua en la que vive y se cría esté libre de toxinas.

En las rías gallegas, debido al poco movimiento de sus aguas, la Administración controla principalmente tres tipos de toxinas: paralizante, amnésica y diarreica, todas con unos nombres muy simpáticos. Cuando estas toxinas alcanzan unos valores por encima del mínimo legal sanitario, se cierran esos polígonos de pesca y no se puede extraer mejillón.

Negociamos con varios proveedores de las rías de Pontevedra y de Arousa que nos suministraran cada día varios palés de mejillón vivo. Como Málaga era el destino final, el mejillón se sacaba y cargaba vivo a las ocho de la mañana, salía en camiones hacía el sur y a nosotros nos llegaba después de sus paradas y trasbordos unas 20 h después, es decir, estuve dos años levantándome a las tres o cuatro de la mañana cada día para descargar el mejillón vivo y fresco.

Aprendimos también que hay épocas del año donde el mejillón desova, o sea, pierde toda la molla de carne, que está llena de huevos, con lo que había días que abríamos las puertas del camión y nos encontrábamos un río de líquido naranja que causaba pérdidas horribles de vez en cuando.

Conseguimos reconvertir la línea de caracoles para procesar mejillones. Perforamos las tuberías de vapor del cocedero, que calentaban el agua para los caracoles, y en vez de cocerlos en agua, el vapor salía por los agujeritos. Así dimos con la tecla para cocer mejillones en línea inventando una nueva forma de cocción que dejaba el mejillón en su punto. Justo después de cocerlos se ultracongelaban y glaseaban para su posterior envasado.

¿Cuál fue el resultado? Pues que tuvimos mucho éxito. Todos los mayoristas de pescado querían nuestro mejillón «abierto media concha congelado». La calidad era sublime simplemente porque no sabíamos hacer un proceso que es habitual en el mundo del pescado: el glaseo, según el cual el pescado congelado no *se quema*, lo que pasa por aportarle una capa de agua congelada a cada unidad, sea una anilla de calamar, una gamba o una rodaja de merluza. Sin el proceso del glaseo el pescado se quemaría y oxidaría por el efecto de la congelación, con lo es necesario y fundamental.

Sin embargo, el exceso de glaseo produce muchos beneficios porque, al seguir incorporando capas de agua al pescado, se está vendiendo agua (gratis) a precio de pescado. Seguramente habrás visto esos muebles de congelado en los supermercados donde algunos pescados parecen polos o paletas de helado, donde hay más agua que pescado, lo que solo sirve para dar una sensación de precio más bajo. Mucha gente compra congelado en vez de fresco por el precio sin saber o sin querer saber que este pescado congelado resulta más barato simplemente porque lleva más agua interna y externa.

El hecho es que no sabíamos glasear. Para que el pescado absorba esa capa de agua y no se queme, hay que sumergirlo ultracongelado (−30º) en un barreño de agua a −20º. Esa era clave. Como novatos, nos habían dicho y habíamos leído que había que sumergir en agua durante unos segundos el producto ultracongelado y que cuanto más tiempo estuviera, más agua absorbería. Nosotros lo metíamos en agua, pero a temperatura ambiente, pues nadie nos había indicado que debía estar a −20º. Así, al remojar las cajas llenas de mejillones abiertos y cocidos en una sola concha en el agua a esa temperatura, adquiría una película de glaseo porque el mejillón estaba a −30º, pero el agua no se mantenía, y al sacarlo solo quedaba con una película muy fina. Esto hizo que nuestro producto tuviera una calidad excelente sin mermas de agua y a un precio muy competitivo. El mercado estaba acostumbrado a glaseos del 8-20 %, mientras que nosotros ofrecíamos un producto, por desconocimiento, con un glaseo que apenas llegaba al 2 %.

Los mayoristas, que no son tontos precisamente, vieron cómo nuestro mejillón, al que se le quitaba una concha y se elaboraba de forma artesanal, destacaba por su calidad. Esto parece de chiste, pero era así: era artesanal por nuestro pequeño tamaño, ya que no teníamos otra forma de hacerlo, y además nuestro glaseo inexperto se convirtió en una ventaja competitiva. El mercado entendió que queríamos diferenciarnos solo aportando el agua mínima necesaria para que no se quemara el producto. Exitazo total. Nos pusimos a plena capacidad en cuestión de tres meses: había veinte personas trabajando, el 99 % mujeres, abriendo y cociendo mejillones.

En ese momento se me ocurrió otra fabulosa idea: ¿y si hacíamos lo mismo con las vieiras, que tenían mucha demanda? Esta idea fue digna de un premio. En el mundo de la restauración, cuando pides vieiras, muchos restaurantes utilizan bolsas congeladas de 1-2 kg de carne de vieira japonesa que contienen solamente la molla de la vieira y los restaurantes reutilizan las conchas, pero esto nadie lo había hecho industrialmente.

Encontré cajas de concha de vieira higienizadas en Escocia y compré palés que traían trescientas conchas ya limpitas en cada caja (*ojú*, que *pechá* de ceniceros-concha regalé en aquella época). Por otro lado, compré bolsas de carne de vieira en Japón (la molla blanca más el coral rojo) y en fábrica poníamos una carne encima de una concha y se quedaba pegada con el agua congelada (porque ya sabíamos glasear). Luego cada una se envasaba al vacío. Fuimos los más baratos del mercado, vendiendo a 0.90 € cada una cuando nuestro coste no llegaba ni a 0.25 €.

También quiero relatar otra experiencia que tuve para ilustrar cuántos sinvergüenzas y personas poco honestas puede haber en el mundo empresarial. Compré una máquina desbisadora en Galicia, que consistía en una mesa inclinada de rodillos de unos 3 × 1 m con una escalera trasera, todo mecanizado. Por la parte trasera se ponían los mejillones, que subían en cestas y caían en la mesa, compuesta por unos cien rodillos giratorios que iban arrancando el viso (los pelos) de los mejillones. La empresa que la vendió la envió a nuestras instalaciones, pero al mes la máquina comenzó a fallar y no tenía servicio técnico en el sur de España. La solución que ofreció fue una videollamada en la que se indicaba dónde tocar. Pasadas unas semanas, la máquina seguía fallando y la empresa sugirió desmontar varios rodillos y soldar una pieza en ellos. Confiando en la buena fe de la gente, seguí sus instrucciones. Finalmente, la máquina no funcionaba bien y pedí que se la llevaran, y dejé de pagar cansado de las llamadas diarias y de los cabreos. No quisieron llevarse la máquina ni siquiera pagando yo los portes y la empresa me denunció por impago. La indignación fue tal que llevé el caso a juicio, armado con correos, llamadas y la máquina, además de una sensación de estafa e injusticia brutales. ¿Qué pasó en el juicio? Se perdió porque había manipulado la máquina. Aquí sí que aprendí que en los juicios no gana quien tiene la razón, sino quien miente mejor, y ellos mintieron mejor.

La buena racha no duró mucho. Cuando nos iba genial y empezábamos a levantarnos de las deudas que nos habían dejado los caracoles, vendíamos lo que queríamos, gozábamos de reconocimiento en nuestro mercado y nos lo estábamos empezando a creer, la mala suerte o la confluencia de posibilidades desastrosas se unieron. Las toxinas de las rías alcanzaron niveles de marea roja y el mercado cerró durante más de un año, lo que me llevó a la ruina y al fracaso más grande y trágico, al que dedico el siguiente capítulo.

¿Qué aprendí?

Aprendí que un buen socio es de las mejores cosas que te pueden pasar empresarialmente, una lección que luego repliqué con mi queridísimo Paco Leal.

Comprendí que, como dice el refrán, «más vale un mal acuerdo que un buen juicio», y que la justicia no existe más allá de las mentiras de un juicio. Todo el que diga que confía en la justicia probablemente no haya estado en un juicio nunca.

No dejaré de cuestionarme por qué en este país los empresarios están denostados por la sociedad cuando el 99 % se dejan la piel cada día para dar trabajo y crear riqueza y son criticados además por gente que vive del erario público o de ayudas que se pagan con los impuestos de esos mismos empresarios. Es absolutamente inimaginable. Un día los empresarios deberíamos ponernos en huelga, cruzarnos de brazos, cerrar nuestras compañías y no pagar ni a la Administración ni a los trabajadores ni a los proveedores. No haría falta ni un mes; en una semana cualquier país se iría a la ruina, excepto los que ya están arruinados por tener esas políticas contrarias al valor, el esfuerzo y la libertad empresarial y laboral.

Estas dos experiencias de calle, caracoles y mejillones, me enseñaron mucho sobre cómo negociar, hasta dónde se puede llegar, cómo evaluar a muchos tipos de personas y qué puntos hay que tocar.

Ya he comentado que el 50-60 % del éxito radica en decir «hola», «adiós», «por favor» y «gracias», y todo eso con una sonrisa. La empatía y la sinceridad son primordiales para generar negociaciones de éxito. «Es que fulano es serio», «Es que mengano es un comercial agresivo»... pues son idiotas. Se consigue mucho más siendo simpático, agradable, empático y sincero, y además es gratis. Cuando tengo una reunión importante, analizo qué podemos tener en común, reviso los perfiles en redes sociales y empresariales, busco en la Red, etc., porque seguro que encuentro algo que nos conecte, como el gusto por la montaña, el buceo o simplemente el hecho de tener mellizos, cosas aparentemente insignificantes que establecen la relación de confianza entre dos personas. Y, además, si hay filtros, como asistentes previos, me aprendo sus nombres y los saludo al entrar y salir.

Antes de tener una reunión importante, es fundamental buscar qué tienes en común con la otra persona, actividades, aficiones, etc. que te pueden conectar con ella para establecer una relación de confianza.

No nos engañemos, todo es una técnica, y la técnica comercial tiene que ver mucho con la empatía. Ya lo decía Emilio Duró en una de sus conferencias: «Si tu objetivo es ligar y ves que una persona liga mucho, vístete igual, péinate igual, consigue un cuerpo y una dialéctica parecidos y luego empieza a dar impactos cada día». Claro que alguien dirá: «Es que yo soy como soy». Bueno, pues como eres no te comes ni un colín.

8. Aguando los biberones de leche para que duren más

Diciembre de 2007 no empezó mal. Seguíamos vendiendo mucho mejillón y las Navidades pintaban bien. Por aquel entonces, nuestro primer hijo tenía ya cuatro años y Maite se había quedado embarazada de mellizos. Recuerdo que unos meses antes nos enteramos de que el Gobierno había aprobado la prestación de 2500 € por hijo, y el ginecólogo, en plena ecografía, nos dijo con mucha gracia: «Chicos, aquí veo ya vuestros 2500 €... ups, creo que son 5000». El día 11 de enero nacieron nuestros segundo y tercer hijo.

Aunque esa Navidad Maite dirigía la línea de cocción de mejillones con una barriga ochomesina de un tamaño descomunal, nos sentíamos serenamente contentos porque comenzábamos a remontar el fracaso anterior y a pagar poco a poco las deudas contraídas: vendíamos lo que queríamos, gozábamos de reconocimiento en nuestro mercado y nos lo estábamos empezando a creer.

Pero la buena racha no duró mucho, pues la confluencia de posibilidades desastrosas se unió. Las toxinas de las rías alcanzaron niveles de marea roja —acumulación de toxinas provenientes de las floraciones de microalgas, que amenazan el cultivo de los bivalvos gallegos— y el mercado cerró durante más de un año, lo que me llevó a la ruina y al fracaso más grande y trágico.

En ese momento no era consciente del todo de la magnitud del desastre; nos decían cada día que la situación se resolvería al día siguiente. Esa incertidumbre fue tremenda porque a diario tenía que decidir si despedir a la gente o mantenerla por si la venta se reanudaba. Y, claro, la mantuve hasta que pude, pero la bola se hizo enorme.

Las primeras semanas las llevamos relativamente bien porque veníamos de unos meses buenos, pero pronto empezamos a fallar en los pedidos. Conseguir un cliente, especialmente en el sector de la alimentación, lleva mucho tiempo, pero perderlo es cuestión de nada porque, si necesita la mercancía y no se la proporcionas, la buscará en otro lado.

Al mes ya habíamos perdido a la mitad de los clientes, a los dos meses se nos fueron todos y tuve que despedir al personal al completo y al tercer mes intenté obtener más dinero del banco, pero me lo negó. Empecé a dejar de pagar compromisos con Hacienda, la Seguridad Social, préstamos bancarios, etc., y buscaba desesperadamente formas de sacarle partido a la industria. Sin embargo, en plena crisis de 2008 los bancos no querían oír nada de préstamos y empezamos a revivir la ruina y el fracaso de un tiempo anterior con los caracoles.

La gran diferencia esta vez fue que ya veníamos de deudas acumuladas y con impagos con la Administración, por lo que en muchos sitios era persona *non* grata. Es curioso la de amigos que tengo ahora cuando en aquel momento quedaron a mi lado cuatro gatos.

De nuevo me puse manos a la obra para intentar remontar. Lo primero que debía negociar era toda la mercancía impagada. Hay una anécdota que todavía me pone los pelos de punta: yo compraba los mejillones a una empresa gallega que me aseguraba que, hubiera marea roja o no, siempre iba a tener mi mercancía porque podrían sacarla de alguna ría no contaminada. El caso es que finalmente no pudo vendérmela, y yo me arruiné de una forma espantosa porque tenía un pago a 60 días, y una vez me dejaron de servir, yo dejé de vender y la rotación de pagos de paró.

Una tarde me dijeron que vendrían a visitarme «para ver cómo arreglamos la situación». Esa tarde me enteré de que tenían alguna vinculación con un grupo gallego de no muy buena reputación.

Llegaron al anochecer a mi oficina, en la nave donde tenía el cocedero, tres personas que podría calificar como el *poli bueno*, el *poli malo* y el *jefe*.

El poli malo ya me había advertido de que venían a cobrar, así que les esperé solo porque no quería que ni mi mujer ni nadie estuviera si me iban a dar una paliza. Cuando llegaron, les expliqué lo que había sucedido y les mostré que mi compañía era demasiado pequeña para cubrir la deuda. Les dije que podían llevarse la maquinaria o lo que quisieran, pero que no tenía forma de pagarles. Les recordé que habían hecho negocios conmigo y que ahora yo era un hombre arruinado.

Estábamos sentados: yo detrás de mi mesa con un cuchillo oculto sobre mi pierna, el jefe y el poli bueno sentados frente a mí y el poli malo de pie, serio, corpulento, moreno, con barba y mordiéndose continuamente los labios, esperando una orden de alguno de los que estaban sentados. El jefe me explicaba que ellos debían cobrar, y yo les decía que no les había fallado y que ellos me aseguraron en Galicia que tendría suministro. No obstante, estaba dispuesto a entregar todo lo que tuviera, pero nada de eso llegaría a cubrir los casi 200 000 € que les debía, una cantidad que, en aquel momento, para mí era impensable.

Recuerdo una frase del poli malo que nunca olvidaré por el miedo que pasé. Cuando se dio cuenta de que no iban a poder cobrar nada, dijo algo así, con un marcado acento gallego: «Francisco, sabes que vas a pagar, por las buenas o por las malas vas a pagar». En ese momento, el subconsciente me hizo ver que tenía un bulto en el cinto del pantalón. Pensé que todo estaba perdido, así que deslicé el cuchillo por la pierna derecha para que cayera en la papelera al lado de mi pierna y me levanté. Les abrí los brazos y les dije que hicieran lo que quisieran, que solamente tenía mi cuerpo, esa pequeña fábrica con todo por pagar y un montón de deudas. Les dije que todo lo que era y tenía lo veían delante, que no era ninguna gran empresa tratando de evitar una deuda y que podían reclamar al juzgado o hacer lo que quisieran.

Así estuvimos unos minutos, hasta que el jefe sonrió y me dijo: «Curro, me he equivocado contigo, no te vamos a hacer nada porque estás aquí dando la cara; vamos a ver si podemos vender tu cocedero y compensar la deuda. Nunca debimos venderte y entendemos y sentimos tu situación». Fue literalmente más o menos esa frase, y se fueron. Dos minutos después me dio una especie de ataque de pánico. Reía y lloraba casi al mismo tiempo mientras mi cuerpo no paraba de temblar. Varias semanas después vinieron a recoger toda la maquinaria.

Quince años después lo recuerdo como si fuera ayer, sobre todo la frase del *barbas*. No le deseo a nadie esa noche, pero se aprende mucho del valor humano, de decir la verdad, de dar la cara y de ser sincero. Igual lo siento así porque lo puedo contar y no aparecí en un río cercano a la mañana siguiente ni me dieron una paliza; pero esa fue mi experiencia, que remarco siempre en mis charlas por la importancia que tiene *desnudarte* con tus acreedores cuando necesitas precisamente su ayuda y comprensión.

En España el fracaso está mal visto, yo lo viví, y así es: apesta a tus compañeros, a tus colaboradores empresariales, a los bancos, a muchos que dirías tus amigos e incluso a muchos que considerabas tu familia.

Únicamente me ayudaron tres de mis mejores amigos: uno me prestó 2500 €, otro me ofreció un préstamo de 3000 € y me dio trabajo en su empresa soldando tubos de acero y el tercero me contrató en verano para vender telas de colchones a los chiringuitos de la playa.

En aquel verano de 2008 ya lo tenía todo embargado. Escuché a todo tipo de consejeros, *coach*, mentores e iluminados de la vida sin experiencia vital que no han pasado por una situación así cómo intentaban arreglarme la vida con un buen monólogo.

Me quedó el sueldo del 061 embargado y, cuando lo contaba, esos listillos me respondían que únicamente me podían embargar un 35 %. Claaaaro... por ley es así. En lo que no pensaban es que el resto entraba en la cuenta y, cuando se juntan las tres alimañas más sedientas de sangre que sufre un fracasado empresarial, el banco, la Seguridad Social y Hacienda, todo lo que entraba en la cuenta automáticamente también quedaba embargado.

Tampoco podía pagar el alquiler de la fábrica, y rezaba para que surgiera alguien interesado al que traspasar el negocio. Finalmente apareció un señor que vino a ver la fábrica —solo quedaban una sala vacía donde estaba anteriormente el cocedero y las cámaras de frío y congelación— por encargo de otro. Cuando le conté lo que había pasado y lo desesperado que estaba, me dijo que llevaba más de cuarenta años elaborando pescado y que me podía enseñar. Le respondí que del pescado solo sabía comérmelo, pero que daba la vida por cualquier cosa que llevara dinero a casa. Así que este hombre, ya jubilado, se venía cada día con varias cajas de distintos pescados y me iba enseñando el corte y la elaboración de cada uno.

Paralelamente conocí empresas del sector, ya que vendía el mejor mejillón cocido del mercado y siempre di la cara, lo que me hizo ser considerado honesto. Estas tres cosas me dieron una segunda oportunidad para adentrarme en el negocio del pescado. Me hace mucha gracia cuando algunas empresas hacen el *show* del ronqueo del atún rojo; yo, un año después, le hacía *la permanente* a un atún rojo.

Así me vi, en una época para olvidar, recorriendo 25 km cuatro días a la semana por los paseos marítimos de Almuñécar (Granada) a Sotogrande (Cádiz); soldando tres tardes a la semana para mi amigo; cada cinco días vistiéndome de naranja y trabajando en el 061, atendiendo a pacientes con una sonrisa mientras me embargaban todo, y por las noches y los fines de semana aprendiendo a cortar pescado. Y todavía hay quien me pregunta cómo es posible que tenga más días cotizados que vida laboral...

Pero las deudas eran muy grandes y el sistema en el que vivimos, maquiavélico: si te mueves y facturas, te expones a embargos constantes, mientras que, si decides quedarte en la acera a pedir, es probable que recibas alguna ayuda.

Estos párrafos también se los quiero dedicar a mi amiga Pilar: como yo constaba como trabajador público, aunque me embargaban todo, no tenía derecho a ninguna ayuda, y ella nos dejó unos cheques de comida de La Caixa que nos mantuvieron unas semanas. Nunca le estaré tan agradecido por ser quien es y como es.

Esta situación se alargó durante muchos meses, alguno de los cuales tuve la sensación de que lo siguiente era quedarnos en la calle; podía visualizarlo perfectamente.

Cuando se te acaba el dinero, cuando ya no hay tarjetas, cuando ya no puedes pedir más dinero a nadie porque ya te han prestado, cuando ya no puedes trabajar más horas... ahí te das cuenta de que el dinero es contable y finito, y puedo asegurar que se acaba.

Todas estas experiencias me dejaron huella y algunas cicatrices que me siguen acompañando años después. En el supermercado buscas estirar el presupuesto al máximo y valoras más que nunca la publicidad de los buzones en busca de descuentos y ofertas. Íbamos con 30 o 60 € y con una calculadora y contábamos cada artículo que echábamos al carro para no superar el monto.

Otra cicatriz es ver tu casa en venta por debajo del valor de la hipoteca, sin lograr venderla, y usar lo poco que conseguíamos para pagar siempre ese cuarto o quinto recibo impagado que nos dejaba sin comer. Pero quizás la cicatriz más importante es ver a tu hijo de cinco años y a dos mellizos de seis meses beber leche aguada. Era de noche, mi mujer y yo con lágrimas en los ojos echábamos la mitad de agua y la mitad de leche en cada biberón para que nos durara más días. Incluso recuerdo cómo intentaba comer mucho en mis guardias para aguantar más tiempo sin comer en casa.

Uno de mis hijos, Carlos, siguió varios años después abriendo un bollo de pan sin echarle nada; solo lo abría como si fuera a ponerle algo, lo cerraba y se lo comía así.

Dicen que tener pensamientos suicidas es fallar en un test psicotécnico. Pues también hubiera fallado en eso, lo pensé varias veces, sobre todo cuando pasaba delante del hotel más alto de Málaga, hasta que una vez me senté delante del edificio durante casi 2 h. No sé cómo describir esta parte aquí porque hay veces que todo te supera y ves la solución fácil, y empiezas a entender muy bien a quienes lo hacen y acaban con todo. En Criminología se estudia que todos, absolutamente todos, somos asesinos y suicidas; solo hace falta un mal día y un motivo. Y tuve de esos días a montones en aquella época.

Lo único que me frenó fue el amor por mi familia. Esa responsabilidad de sacarlos adelante, de remediar lo que mis malas decisiones habían provocado, fue crucial. Yo podría «haberme tapado hasta donde me cubría la sábana», es decir, ser solo un empleado público, tener el apoyo económico como profesor para la Junta de Andalucía y llevar una vida más plana pero más tranquila. Sin embargo, la ambición me llevó por caminos muy difíciles. Aunque es la mejor arma de un emprendedor, ejecutivo o trabajador, hay que saber dominarla para no convertirse en un *tonto motivao*. Por eso la ambición debe tener tres características esenciales: cabeza, corazón y coraje. Pero primero, cabeza.

Ahora, emocionado, lo cuento con la esperanza de que pueda ayudar y apoyar a quien pase por algo parecido; porque con esfuerzo y ganas se sale de todo. El tren no pasa una sola vez en la vida, sino todos los días muchas veces. Detectar las oportunidades y esforzarte es la clave de salir adelante o tener ese éxito añorado.

Mis tres hijos: Mario, Carlos y Javier.

¿Qué aprendí?

Aprendí que no se puede basar todo tu negocio en una sola actividad o en un único recurso —como se dice coloquialmente, «meter todos los huevos en la misma cesta»—; que en España no hay cultura del fracaso y cuando alguien fracasa queda marcado por la sociedad, y que, si te va mal y tienes deudas, es mejor coger el teléfono y responder a todos los que te llamen ya que las consecuencias seguramente sean menos graves.

Cuando la gente se arruina, suele desconectarse del mundo, envolviéndose en sí misma y deseando desaparecer como si así la situación se resolviera rápidamente. Esto lleva a aislarse, a no dar la cara y a no contestar al teléfono. Esta reacción, aunque comprensible y común, únicamente empeora las cosas. Quienes podrían perdonarte no lo hacen, y los que ya estaban en una mala situación empeoran aún más. Si algo hice bien en esa época, fue contestar siempre al teléfono, asistir a las citas, aceptar mi fracaso y mostrarlo, con la vergüenza de haber fallado, pero sin la deshonra de no haberlo intentado.

> En las peores situaciones siempre hay que dar la cara, no esconderse ni aislarse, sino enfrentarse al fracaso y mostrarlo. Las consecuencias siempre serán menores.

Puede que tengas éxito a la primera, pero eso no es lo normal; lo habitual es que llegue por un camino lleno de desaciertos, de aprendizaje y de experiencia. Un período de ruina o fracaso atraviesa las famosas fases del duelo, similares a las de la pérdida de un ser querido. Perder un negocio es perder la ilusión, momentos de euforia y la pasión por alcanzar tus objetivos. También se pierden cosas tan importantes como parientes que creías familia, conocidos que pensabas que eran verdaderos amigos y, lo peor de todo, autoestima. La clave no está en evitar la pérdida de autoestima, sino en cuánto tiempo se tarda en recuperarla. Porque si hay algo que realmente define a un emprendedor es la resiliencia, esa capacidad de reponerse de cada fracaso.

Las fases normales de cualquier duelo son:

- Negación: es una fase de incredulidad; no puedes creer que te esté sucediendo lo que te está sucediendo. Te acuestas sin poder dormir negando la triste evidencia de que la vida no es justa, y menos con los empresarios.

- Ira: no siempre aparece, o se presenta de manera muy breve. En psicología criminal se define muy bien como la fase en la que la negación te provoca un estado de nervios y ansiedad peligrosa donde te enfadas con el mundo entero y te sientes la persona con peor suerte.
- Negociación: es muy importante en los duelos de emprendimiento y en los fracasos empresariales. Hemos escuchado muchas veces que una persona no se valora por cómo se cae, sino por cómo se levanta. En esta fase puedes encontrar segundas oportunidades y, con una buena negociación, tal vez no salgas completamente del problema, pero las consecuencias pueden ser mucho menores.
- Depresión: resulta muy peligrosa porque, si has sido emprendedor pero no eres una persona activa, optimista y resiliente, puedes quedarte atrapado en esta fase. Es normal sentirse hundido, pero la depresión puede durar días, años o incluso dejar secuelas permanentes que te impidan seguir adelante.
- Aceptación: es crucial; cuanto antes llegues a esta fase, antes podrás empezar de nuevo. La aceptación pone orden en la pasión por emprender.

Otra cosa que aprendí es que no se puede tener más miedo a fracasar que ganas de triunfar. El emprendimiento no es para todo el mundo; implica sufrir, esforzarte y empeñarte para conseguir tus objetivos o tus sueños, pero debes aceptar desde un principio que resulta un camino difícil, competitivo y lleno de pequeños y algunos grandes fracasos. Quizás mi historia sea relevante porque tuve varios fracasos grandes, muy grandes, pero esa motivación y ese optimismo me hicieron alcanzar el éxito.

> No se puede tener más miedo
> a fracasar que ganas de triunfar.

Mi recomendación, si no quieres perder a familia y amigos, es evitar pedirles dinero, aunque al final acabes haciéndolo en situaciones extremas como la mía. Eso sí, apunta las excusas de cada uno, pues con el tiempo y la perspectiva no tienen desperdicio.

Y si eres tú quien presta dinero, recuerda que estás ayudando a alguien que ha llegado al punto de desesperación de pedirte, por lo que la devolución no tiene ninguna garantía y debe ser un acto de plena generosidad por tu parte. Presta con generosidad y con el pensamiento de que se lo estás dando a un amigo (o a un familiar). Si te lo devuelve, mejor. Si piensas solo en que te lo devuelva, lo que haces por amistad hará que pierdas al amigo y el dinero.

9. El pescado

Quizás porque era un empresario muy pequeño y había hecho ya un gran producto para los mayoristas de pescado en el sur de España, empezaron a confiar en mí. También ayudaba tener un centro de elaboración de pescados, ya que yo cobraba por elaborar, por ejemplo, 20 o 30 cts./kg de pescado que podía costar 10-20 €/kg.

Además, se daba una triste paradoja: como ya no tenía nada que perder, trabajaba a todas horas y podía ofrecer el precio que quisiera.

En la industria del pescado convivía un ecosistema muy variopinto, con armadores, pescadores, minoristas, mayoristas, distribuidores, grandes cadenas, mercados de abastos, etc. Se juntaban lo peor y lo mejor de este mundo. Conocí a personas despreciables, capaces de vender a su madre y revenderla cada día, auténticos profesionales del engaño. De hecho, acuñaban la frase: «Vendiendo al coste se gana dinero» de todo el pescado que robaban. Obviamente, si lo robaban podían vender al precio que quisieran, pues todo era beneficio. En contraposición también encontré a maravillosas personas y empresas de las que pude aprender muchísimo.

Puse en marcha esta nueva empresa, ya la quinta o sexta, de manera muy humilde, formándome cada día —y haciéndome un experto— en un tipo de corte o de elaboración. No dejaba de aprender. Además, como soy un obsesivo perfeccionista y un copiador nato, solo hacía copiar las técnicas que tenían otros para elaborar, pero siempre con el objetivo de mejorarlas para hacer más kilos por hora, para aprovechar mejor el pescado y reducir mermas y para que mi cliente, que era el dueño del pescado, sacara más kilos por menos dinero. Aquí pongo algunos ejemplos.

Un cliente compraba a un palangrero, un barco de alta mar que utiliza la técnica del palangre para pescar, que no es más que una línea kilométrica con anzuelos enormes cada 3 o 4 m a los que se les coloca una sardina o una caballa entera —lo sé muy bien porque unos años después, cuando recorría África, compraba sardina y caballa para estos armadores—. Estos barcos solían pescar pez espada de unos 60-130 kg cada uno. Una vez dentro, les quitaban la cabeza, la cola y las tripas y los congelaban. Luego los mayoristas compraban al armador por *jaulas*, que eran una especie de jaulas de madera de unos 1200 kg que contenían 10-14 peces apilados en vertical. Cada jaula podía costar 7000-10 000 €, y el mayorista me las entregaba a mí para que yo troceara el pescado y lo hiciera filetes de pez espada. Procesaba muchas jaulas cada semana, lo que suponía una gran responsabilidad.

Elaboraba rosada (congrio dorado), dorada, lubina, pulpo, sepia, calamar, merluza, bacalao, atún, trucha asalmonada, japuta, salmón, marlín, atún, etc. No me gusta hablar de suerte en mi historia porque no creo en ella, y más viendo mis antecedentes, pero es cierto que era el único negocio que era capaz de atender. Al tratarse básicamente de un servicio de corte y elaboración, me permitía expandirme poco a poco, ya que solo requería mis manos y poder pagar la electricidad y el alquiler. Logré llegar a un acuerdo con el dueño de la nave y, como siempre, dando la cara, pude ir pagándole poco a poco.

Pasaron los meses y me ahogaban las deudas. En el 061 se usaba mucho la definición de *catástrofe*, que es aquella donde los medios están desbordados, es decir, tienes diez ambulancias, pero hay mil heridos. Pues esta era la sensación: la de una catástrofe; los días pasaban muy lentos, pero los meses muy rápidos cuando había que pagar y seguir pagando. Por más que trabajaba día y noche, cada día era una lucha. Recuerdo venir de 24 h de guardia de uniforme y ponerme a cortar pescado hasta que me caía de cansancio. Luego venía Maite y se quedaba empaquetando por la noche. Nos turnábamos para dormir horas sueltas, cuidar a los tres niños y poder llevar todos los trabajos a la vez, porque todos eran necesarios, y todos para continuar y continuar pagando.

Poco a poco fui solventando deudas y pude refinanciar todas las demás. Jamás olvidaré cómo los bancos, en concreto uno malagueño, quisieron hacer negocio con mi ruina. A esta entidad bancaria le pedí una ampliación de mi hipoteca, que no era muy alta en comparación con el valor de la casa y que podía refinanciar sin llegar ni al 75 % del valor de tasación, para hacer una reestructuración de todas las deudas y préstamos. Pues esa sanguijuela solo me dio la opción de ampliar el préstamo personal que ya tenía, 15 años más y con unos intereses altísimos, sabiendo que no me quedaba otra salida. Con esta operación se aseguraba un 2-3 % más de interés de un préstamo normal frente a uno hipotecario.

Tuve que aceptar, porque en situaciones como la mía a veces no hay más remedio que tragar y agachar la cabeza para que unos canallas miserables te la pisoteen. Muchas veces hablamos mal de los bancos, pero están dirigidos por personas, a veces muy insensibles y distantes, tal vez demasiado. Y, si das con malas personas, a estas les da igual el caso que tengan delante o el servicio al cliente; únicamente miran el bono de incentivos que se van a llevar por perjudicarte. Eso es algo que se debe aprender: el banco es tu mejor socio cuando lees los contratos y aprendes que no tienen alma ni la van a tener.

Lentamente me fui adentrando en un mundo nuevo y descubrí que me gustaba elaborar pescado. Tuve que alquilar un camioncito refrigerado para entregar la mercancía. Entró en mi vida la palabra *maquila*, que se refiere a encargar un servicio de elaboración o fabricación a otra persona, pero proporcionando la materia prima. Yo era el maquilador de varios mayoristas de pescado. Intenté contener el impulso de comprar, elaborar y vender yo mismo por varios motivos. Uno era que no quería seguir adquiriendo deudas; además, el pescado es muy caro cuando se compra por palés y, con mis antecedentes, nadie me iba a comprar.

Fueron unos meses muy difíciles, pero paulatinamente fui consiguiendo más y más trabajo, lo que me permitió dejar los otros trabajos extra que tenía. Cada cinco días hacía mi guardia y volvía a elaborar el pescado el resto de la semana. Es curioso cómo, cuando uno es optimista, lo malo se va olvidando, y sentí de nuevo la esperanza y la motivación con este nuevo negocio. Cada vez tenía más trabajo y más clientes.

Un suceso que ocurrió en la Navidad de 2010 refleja la falsedad, mediocridad y ruindad de algunas personas. El dueño de la nave donde estaba, a quien le debía dinero, desayunaba cada día conmigo. Él sabía que me estaba yendo bien, lo que no significaba que tuviera dinero; simplemente estaba saliendo de la parte más grave de esta última ruina.

Yo le contaba todo, le abrí mi corazón y compartí con él mis ideas. Cuando llegó la Navidad, compré langostinos, patas de cangrejo, pulpo, etc., para venderlo directamente de fábrica en la nave. Este *señor*, por llamarlo de alguna forma, vino con su familia a comprar su marisco. Le hice un precio especial porque me sentía en deuda con él por el favor que me estaba haciendo por haber aguantado unos meses sin pagarle y haber podido renegociar la deuda. Un mes después recibí una carta del juzgado donde este tipejo me denunciaba por impago del alquiler ocho meses del año anterior. Sí, efectivamente estuve ocho meses sin pagarle, pero luego le comencé a pagar con una subida de casi un 20 % para ir compensando poco a poco la deuda anterior, con lo que él se mostró de acuerdo, y estábamos trabajando con normalidad. Cuando recibí la denuncia no salía de mi asombro al ver la fecha en la que me había denunciado: justo antes de Navidad, cuando desayunábamos y nos contábamos nuestras historias y, por supuesto, antes de sus compras navideñas. He conocido a seres ruines, pero este se lleva uno de los premios gordos. Entré en cólera y me fui a buscarlo para que me diera explicaciones, pero este tipo de gente ruin y traicionera no tiene ni valor ni valores y, cuando se enfrenta a la persona a la que ha agredido, se asusta como un conejillo. Me dijo que lo había hecho con varias de sus propiedades, ya que nadie le pagaba y no tenía dinero para afrontar las hipotecas. Según él, su abogado le recomendó recurrir al juzgado. Sin embargo, cuando recibí la denuncia, venía acompañada de los datos de los ingresos bancarios que yo hacía y de la finca. En las hojas bancarias aparecía el saldo de su cuenta, que era de más de 70 000 €, y la propiedad no tenía hipoteca. Sin comentarios.

Le tuve que pagar hasta el último euro, pero me permití una pequeñísima venganza: en cada pago que le hacía por banco, ponía en el concepto: *Nombre xxxx-miserable ruin.*

En un barco de petos, marlines y pez espada.

¿Qué aprendí?

Aprendí que los bancos te dan paraguas cuando no llueve y te los quitan cuando llueve; que son tus mejores aliados en el crecimiento y el peor de tus enemigos si incumples con ellos; que, aunque los recomiendo como socios financieros, debes tener muchísimo cuidado con cada operación que hagas con ellos.

Aprendí que en España no hay ley de segunda oportunidad; eso es una falacia, pues, si lees la letra pequeña, solo te quitan una pequeñísima parte de tus deudas, y más con la Administración.

Comprendí también que no se puede ser demasiado bueno. Hay que ser justo, que no está reñido con ser buena persona. Pero la vida no es justa; a nadie le llega su merecido, y uno puede ser un cabrón toda su vida sin que le pase nada, y al contrario.

El síndrome del impostor y el temor reverencial son miedos comunes en quienes empiezan a tener éxito; resulta fundamental superarlos para seguir avanzando.

Aprendí en estos años lo que es el temor reverencial, es decir, ese intangible que hace que tengas obediencia, respeto y hasta miedo por considerarte inferior a otra persona, sea de forma intelectual, económica o de posición. Muchas veces confundimos el respeto reverencial con el temor reverencial creando una relación de debilidad o pleitesía, por ejemplo, con cargos políticos o con socios mucho más mayores. Manejar el temor reverencial es muy importante para posicionarnos y tener éxito. Nadie es más que nadie.

El *temor reverencial* se asocia mucho al *síndrome del impostor*, términos en los que merece la pena profundizar un poco porque resulta crucial salir pronto de ellos. Es muy común que las personas que comienzan a tener éxito experimenten estos sentimientos. Su entorno social cambia, y este cambio puede generar incredulidad y desconfianza en su éxito, lo que a su vez alimenta estos miedos. Hablo desde la experiencia porque he sufrido ambos. De hecho, el síndrome del impostor todavía me recuerda mis orígenes en ciertos círculos sociales.

10. Socios: ángeles o demonios I. El demonio

Durante toda mi andadura empresarial, he tenido excelentes socios y otros todo lo contrario. Me gusta referirme a ellos como *ángeles* y *demonios*. Sin embargo, es justo reconocer que todo lo que me ocurrió en ese tiempo, incluidas las malas experiencias, también fue consecuencia de decisiones erróneas por mi parte. Siempre tuve la libertad de no asociarme con ciertas personas o de retirarme a tiempo, pero a menudo la ambición que siempre me ha caracterizado y el instinto de superación me llevaron a meterme en más y más *jardines*.

En 2010 todo empezó a mejorar para mí, lo que no significaba que ya hubiera tenido éxito, ni mucho menos, sino que simplemente podía mantenerme al día con el pago de las deudas y veía una luz al final del túnel. Trabajaba con la esperanza de crecimiento.

Ahora soy un ferviente defensor de la escalabilidad. Al iniciar un negocio, es fundamental que sea escalable, que los límites los pongas tú y no el mercado. Si puedes vender tu producto a veinte clientes, también puedes vendérselo a 20 000. Es solo cuestión de impactos, escalabilidad e internacionalización. Si el producto ha demostrado su valía, resulta esencial expandir su alcance. Sin embargo, si no logras venderlo ni a cinco personas, es mejor buscar otra cosa, por mucho que confíes en ti y en tu producto.

Mi rutina diaria en esos momentos consistía en hacer mi guardia de 24 h cada cinco días y el resto del tiempo, los otros seis días de la semana, dedicarlos a mi sala de elaboración de pescados.

Poco a poco me iba haciendo un experto en corte, preparación, hidratación y glaseo de todo tipo de especies marinas comestibles. Lo que no se hacía yo lo innovaba; lo que se hacía lo intentaba mejorar. Y continuamente exploraba nuevas especies que pudieran dar un volumen y un rendimiento mejores en el mercado.

A medida que iba ganando más clientes, estos confiaban en mí y me asignaban más y más trabajo. Así, comencé a reconectar con las mejores empresas mayoristas de pescado. Como siempre, aceptaba cualquier negocio que me proponían.

Durante ese tiempo hice un nuevo cliente; vamos a llamarlo Pedro. Cada semana le elaboraba muchos kilos de pescado, que me traía enteros y yo se los devolvía fileteados, listos para la venta. Pedro era muy fuerte comercialmente, y aunque preferiría no entrar en detalles sobre él en este libro, sería injusto omitir una lección importante de vida: nunca debí asociarme con él.

El caso es que Pedro traía mucho pescado, y cada semana me pagaba por el trabajo de la semana anterior. Este detalle es muy importante porque, aunque no había tenido la oportunidad de estudiar —empezó a trabajar con doce años—, contaba con unos sólidos valores adquiridos en la calle y un miedo inicial a no tener deudas, a tenerlo todo pagado, etc. Además, como él solía decir, había nacido en una caja de pescado, ya que su padre también se dedicó al pescado minorista (mercados de abastos, reparto, etc.). Esto hizo que a mí, que solo quería aprender más y más del mundo del pescado, me interesara mucho todo lo que él dijera. Su amplio conocimiento del negocio y su experiencia en la calle me condujeron a hacer más cosas con él. Desde el inicio nos llevamos muy bien, aunque éramos especies diferentes.

Un día Pedro me propuso asociarnos: yo pondría mi fábrica de elaboración y él aportaría sus clientes, camiones, etc. Y, sin pensarlo mucho, acepté. Quiero dejar muy claro que Pedro siempre fue transparente en su naturaleza; sabía cómo era y nunca me engañó en su modo de ser. Este capítulo habla sobre mi gran error y mi gran mala decisión de aceptar asociarme con alguien tan distinto y con una forma de hacer las cosas que difería significativamente de la mía.

Al principio, como suele ocurrir, todo fue bien. Crecimos durante unos meses y cogimos cada vez más clientes. En algo sí nos parecíamos: no teníamos reloj. Salíamos a las cuatro o cinco de la mañana a comprar pescado y nos daban las once de la noche comerciando, elaborando y repartiendo.

Todo seguía su marcha hasta que el crecimiento empezó a exigir financiación. Los bancos solamente prestan dinero a quienes tienen más garantías de devolverlo, así que, aunque no hablábamos de grandes sumas, la responsabilidad recaía sobre mí en pólizas de crédito de 15 000 o 25 000 €.

Como siempre, seguía creyendo que la gente es buena en general. Claro que hay malas personas, pero son las menos. En mi optimismo, respaldé a mi *amigo* y la sociedad poniendo mi casa, mi sueldo y todo lo necesario otra vez en la empresa y pidiendo financiación.

La sociedad al principio no funcionaba mal. Un socio puede llevarte al éxito o al mayor de los fracasos, puede elevarte a un círculo virtuoso o sumirte en uno vicioso. Elegir al socio adecuado, o simplemente no escoger a ninguno, es una de las decisiones más importantes de nuestra vida empresarial o de cada proyecto. El principal error consiste en asociarse por amistad o hermandad si tu amigo o hermano no va a tener el mismo nivel de implicación y de exigencia que tú; si los tiene, perfecto, pero si no, mejor no asociarse.

Pero Pedro sí tenía gran capacidad de trabajo y ambos estábamos muy enfocados en el negocio, lo que hacía que las cosas marcharan bien. Mi padre siempre me decía: «No hay una crisis que aguante 16 h de trabajo diario», y tenía razón. Ahora puedo decir que esta filosofía fue lo que siempre me sacó de las ruinas. Tener enfoque y dedicar muchas horas al esfuerzo constante permite superar los problemas poco a poco, haciéndose más fuerte, más visible y más vendible.

Las cosas empezaron a ir bien y, aunque mi socio Pedro no tenía ni pasaporte, como yo ya conocía Marruecos por mi experiencia con los caracoles, decidimos que debíamos ir a donde estaban el pescado y la mano de obra más rentable. Al final, desde Málaga tardábamos menos en llegar a Marruecos que a Madrid.

No sé si Marruecos lo cambió o simplemente sacó a la luz su verdadero ser, pero, si bien no le guardo rencor en lo personal, fue un verdadero freno y un lastre en mi carrera profesional, e insisto, por mis malas decisiones, porque nadie me obligó a ser su socio. Aún hoy me cuesta reconocerlo, pero debo admitir que alcancé un nivel de sumisión y dependencia con una persona de tan baja calificación intelectual y moral que aún no logro explicármelo.

Quiero pensar, y mi mujer está de acuerdo, que durante muchos años, como no teníamos más que lo justo para vivir, debíamos mantenernos en buenos términos con esta persona, ya que él debía aportar su parte del negocio y de los pagos mensuales, aunque no tenía obligación contractual de hacerlo porque todo lo había avalado yo. Ese miedo a que se enfadara o no cumpliera sus compromisos nos hizo muy vulnerables frente a él... y él lo sabía.

Por eso la primera lección que me dejó esta sociedad conjunta fue que nunca puedes estar en una posición de debilidad con un socio. Como repetiré hasta la saciedad, no se trata de ser bueno ni malo, sino justo. Además, no puedes mantener una empresa o a un socio únicamente porque te deba dinero. Resulta difícil hacerlo y asumirlo, pero es como tener un empleado tóxico: tienes que desvincularte cuanto antes, aunque sea duro. En mi caso, tardé más de cuatro años en apartarme, y todavía hoy, en algunas situaciones, lo echo de menos, porque, al final, un optimista como yo recuerda muchas cosas buenas y muchas lecciones aprendidas, además de que nos metimos algunos años en Marruecos desde cero, tanto en la industria del pescado como en la creación de empresas allí (algo muy distinto de la experiencia que había tenido de importación y exportación), y vivimos situaciones que contaré un poco más adelante.

Cambiando de tema, hablando de mentiras y falsedades, recuerdo también que por aquella época me llamó una cadena de televisión a través de un familiar que colaboraba en unas tertulias de opinión experta. Era la típica tertulia mañanera. A esta persona le preguntaron si conocía a algún criminólogo y les dio mi contacto. Fui por primera vez a un plató de televisión, y me gustó mucho aquello de dar una opinión profesional sobre cosas que sucedían cada día en la calle. Unido a mi experiencia en el 061 atendiendo urgencias y emergencias, lo hacía muy ilustrativo. Además, en aquella época también desarrollaba en el 061 un curso para médicos y enfermeros sobre la asistencia a víctimas de malos tratos y violaciones en mujeres, niños y ancianos. Esa formación no solo fue para los demás, sino para mí también porque aprendí mucho sobre cómo se gestiona un programa de formación formándome yo mismo y absorbiendo una triste realidad: desde hace 25 años mueren a manos de sus parejas más o menos el mismo número de mujeres. Es una lacra que ninguna etapa política puede erradicar porque resulta imposible parar unos crímenes que se fundan en lo más profundo de la naturaleza humana: la pasión, el desamor, los celos y la envidia. Son sentimientos difíciles de controlar y difícilmente pronosticables, y por eso el número apenas varía. Se trata de un tema de educación intrínseca y de valores muy fuertes basados en el respeto y, bajo mi opinión, precisamente ese tipo de valores son los que estamos perdiendo.

Volviendo al canal de televisión, la segunda y última vez que fui lo hice aún más contento hasta que el presentador nos introdujo el caso de unos vecinos que habían sido okupados en su vivienda. Me exigió, como tertuliano, que defendiera a los okupas para generar opiniones encontradas en el programa. Me negué, no porque tuviera algo en contra de los okupantes como personas, sino porque mi opinión no coincidía con esa postura, y no iba a expresar una opinión que no pudiera defender con mi conocimiento y con mis principios. Como resultado, no me volvieron a llamar, y ese día me quedé callado en televisión.

De tertuliano en televisión.

Es triste, pero es así; al final la política y lo políticamente correcto irrumpen y corrompen todo por ganar la falsa aceptación de algunos y tener más masa crítica a la que engañar continuamente. Me quedé algo defraudado por este episodio, pero siempre se aprende de todo. Dicen que lo que no te mata te da experiencia; bueno, pues esta es la lección, tanto respecto a lo hablado antes de los socios como en lo que se refiere a las amistades. Hay que intentar mantener la sinceridad. De nada sirve hacerse selfis y colgar la felicidad irreal para que lo vean los demás si después tienes una vida de mierda. Si lo estás pasando mal, busca referencias de personas que hayan pasado por tu situación y la hayan resuelto y, si te ves como un referente, intenta ayudar a los que están estancados o necesitan ese apoyo. Esta es la base de este libro.

¿Qué aprendí?

Aprendí que, cuando un socio te maltrata, siempre sale más caro en términos personales, psicológicos y económicos no separarte de él cuanto antes. Si estás en una posición de dependencia, resulta crucial cortar esa relación. Es mejor estar solo que mal acompañado.

> Si la relación con tu socio se vuelve dependiente y nociva, sepárate cuanto antes sin miedo porque en un futuro siempre saldrá más caro en términos personales, psicológicos y económicos no hacerlo.

Entendí que un socio es una especie de pareja de viaje, un amigo en determinadas situaciones, un colaborador y compañero de decepciones, alegrías, éxitos y fracasos. Al igual que en un matrimonio, donde normalmente las parejas pasan un tiempo juntos conociéndose y conviviendo antes de *firmar* un compromiso, esto no es garantía de nada en una sociedad empresarial.

Existen varios tipos de socios: los que trabajan y colaboran día a día, los capitalistas, los asesores y consejeros, los ideadores, etc. Ser empresario significa gestionar y tomar decisiones continuamente, unas más trascendentales que otras, y asociarte es una de las más importantes en la vida empresarial. Hacerlo con conocimiento seguramente será un buen acierto, pero resulta sorprendente ver cómo continuamente emprendedores se asocian de un día para otro sin tener ese período de *noviazgo* para calibrar personalidades y respuestas a determinadas situaciones.

Yo he sufrido con socios despreciables mientras disfrutaba del éxito y he llevado mejor el fracaso con socios admirables, pero las claves deben ser siempre:

- No te asocies sin conocer a la persona y al profesional que lleva dentro.
- No te asocies por amistad, hermandad o caridad.
- Establece un organigrama donde se respete la jerarquía de departamentos y decisiones.
- Establece ¡¡siempre!! un pacto de socios (documento aparte de las escrituras) donde se resuelvan los posibles problemas que puedan venir.
- Intenta valorizar las aptitudes de cada socio para que junto a una actitud positiva desempeñe el trabajo de forma profesional, consecuente y optimista.
- Mantente leal, honesto y solidario, pues son valores principales que deben regir la vida de cualquier persona, y suelen ser gratis, además de suponer un retorno de inversión brutal.

11. Curro, ¿este aviso cuánto vale?

Paralelamente vivía dos realidades laborales: por una parte, en el 061 ya había pasado por las bases de Marbella y Fuengirola y de 2008 a 2017 estuve en la base de Málaga capital, y por otra, cuatro o cinco tardes al mes daba clases en IAVANTE, una fundación dependiente de la Junta de Andalucía para la formación y el entrenamiento de personal sanitario.

Ser profesor a tiempo parcial tantos años me aportó muchas cosas, entre ellas, un mejor conocimiento de mi profesión porque no solo tenía que desarrollarla, sino también enseñarla. Sobre todo me aportó la capacidad de comunicación y de hablar en público, herramientas que ahora valoro mucho en mi situación actual, junto con la presentación de diapositivas, la creación de planes de formación y los programas docentes.

Obviamente, en una capital suceden más incidentes que en pueblos o ciudades pequeñas. En esos lugares viví avisos que marcaron mi vida. Recuerdo, por ejemplo, un caso en el que una persona, debido a un fallo mecánico, atropelló y mató a una familia con niños. Atender a niños en emergencias resulta especialmente difícil, y más cuando tú tienes los tuyos propios; las tragedias infantiles son de las más impactantes. También atendí muchos suicidios, un tema que permanece oculto a la sociedad, pues existe un pacto Estado-prensa para no publicar estos casos, probablemente para evitar que se vuelvan virales y aumente la tendencia al suicidio, que en España ronda los 12 diarios[1].

Una de las escenas que tengo grabadas sucedió cuando nos avisaron del suicido de una chica joven. Certificamos su muerte tras haberse precipitado de su ventana a la calle, pero lo más sorprendente fue que no había familia presente. Recuerdo claramente mi sensación, primero en el ascensor junto a un policía local y mi compañera y luego cuando tocamos el timbre y escuchamos pasos para abrirnos la puerta a las cinco de la madrugada.

Despertamos a la madre, quien nos abrió la puerta sin saber lo que pasaba. Yo le pregunté si tenía una hija, y ella, muy tranquila, pensando que le íbamos a comunicar algo sobre un accidente o similar, nos respondió que tenía tres, pero que estaban durmiendo en casa, cada una en su cama, y que seguramente nos habríamos equivocado de piso. Quiso cerrar la puerta, pero le pedí que comprobara que sus hijas estaban efectivamente durmiendo en su cama. Ella insistió en que estaba todo bien y que nos fuéramos, pero le volvimos a pedir que lo verificara. Nos dijo que esperáramos mientras iba a las habitaciones a comprobarlo. No puedo explicar el grito espeluznante que oímos de esa madre en ese momento, y aún no le habíamos dicho lo que había pasado.

Ese fue uno de mis peores momentos en esa otra vida no empresarial vestidos de naranja; tanto ese como el rato después, cuando tuve que darle la noticia de que su hija había fallecido precipitada por la ventana de su habitación y, lo peor, que seguía en la acera.

También tuvimos avisos de tiroteos en Marbella, por ejemplo, donde tuve que arrojarme al suelo lleno de casquillos de bala porque no habían registrado un piso superior; he tenido que bajar a varias cuevas, llenarme hasta la cintura de hormigón fresco o subirme en una grúa a una altura de veinte plantas en accidentes de obra. Nos hemos reído, hemos sufrido y hemos salvado cientos

---

1. https://datosmacro.expansion.com/demografia/mortalidad/causas-muerte/suicidio/espana

y cientos de vidas, y en aquellos casos en los que no pudimos, al menos lo intentamos.

Todas estas experiencias me hicieron ser una persona más comprometida socialmente, más resiliente y, sobre todo, con muchas más armas de negociación, porque negociar con la muerte y los familiares en situaciones hostiles genera unos escudos enormes para después lidiar en situaciones más normales.

Por último, no quiero terminar este capítulo sin recordar la frase de mi compañero frente a uno de los avisos que más nos costó atender por todo lo que voy a contar. «Curro, ¿este aviso cuánto vale?».

Una noche nos llamaron para atender una emergencia en Torremolinos. La información era vaga: se había oído un fuerte golpe en un tercer piso de un edificio y un olor desagradable permeaba el lugar. Al llegar y aparcar cerca del portal, el olor ya era evidente, una mezcla de defecación fresca y algo más, muy potente. Al subir las escaleras, pensamos que una cañería de saneamiento se había roto. Sin embargo, al llegar a la puerta del apartamento vimos que salía un poco de agua rojiza por debajo, y el olor era insoportable. Con permiso de la Policía, derribé la puerta con el culo de la bombona de oxígeno y se reveló un espectáculo dantesco.

Lo primero que vimos fue un aseo con la taza del váter rota por la mitad; el suelo era un charco de agua, orina, sangre y defecación de heces sueltas y líquidas. Hacia la derecha se abría un pasillo con un hombre en el suelo revolviéndose lentamente y embadurnándose como una croqueta en toda esa mezcla. Al parecer, había llegado muy bebido, había ido al baño y se había caído rompiéndose la cabeza con la taza del váter. En ese momento había perdido el control de sus necesidades fisiológicas y había vomitado hasta el salón, donde lo encontramos.

La situación era tan complicada que no sabíamos ni cómo acercarnos ni cómo manejar al paciente. Lo peor de todo era que el hombre estaba en estado crítico debido al golpe en la cabeza, sus vías respiratorias se encontraban comprometidas por los vómitos y presentaba un grado de agitación y semiinconsciencia que requería atención inmediata. Necesitábamos administrarle suero e intubarlo para proporcionarle respiración asistida y comenzar el tratamiento para aliviar su agonía respiratoria y su dolor.

Los que conocen la medicina de urgencia saben que intubar a una persona en el suelo implica tumbarse junto a ella... y eso hicimos. La escena era caótica y muy desagradable: todos en el suelo, con las sábanas empapadas al instante en esa mezcla repugnante de fluidos y olores y el hombre cubierto de todo ello. El hedor era insoportable. Y en ese momento de impotencia, pero también de profesionalidad, mi compañero, con sus gafas medio caídas en la nariz, sudando y con cara de sufrimiento, me miró y me dijo: «Curro, ¿este aviso cuánto vale?».

Coordinando un dispositivo de catástrofes del 061.

¿Qué aprendí?

Descubrí la importancia del compañerismo y cómo las situaciones complicadas unen a la gente, incluso cuando las vives en tercera persona.

Aprendí que negociar es un arte; saber qué decir, cuánto esperar y cómo decirlo resulta crucial, y puede tener consecuencias muy distintas según cómo se maneje la comunicación. Observé que la calma se contagia, al igual que el nerviosismo, y esto es vital en el liderazgo. Este debe implicar tranquilidad y la capacidad de transmitirla. Una persona nerviosa, que se ve superada por situaciones de crisis y pierde los papeles, no puede ni debe liderar. Trabajar bajo presión y hacerlo de forma tranquila es lo mínimo que se ha de exigir a quienes tienen responsabilidades, aunque no siempre es así.

Negociar es un arte; saber qué decir, cuánto esperar y cómo decirlo resulta crucial, y puede tener consecuencias muy distintas según cómo se maneje la comunicación.

Aprendí a hablar en público y a desarrollar ese campo que me gustó desde el primer día. Creo que la docencia es uno de los motores que impulsan el conocimiento, y para alguien que aprende constantemente resulta fundamental.

También aprendí a valorar a los profesores y docentes. Ahora conozco a muchos porque estoy muy vinculado a la Formación Profesional y al emprendimiento y solicitan con cierta frecuencia mis intervenciones en foros relacionados y que cuente mi historia. Me encanta ver a algunos profesores motivados y apasionados con su vocación, luchando contra un alumnado y una política débil que fabrica mediocres y conformistas, llenos de derechos que ni saben lo que significan ni se han ganado; simplemente han tenido la gran suerte de nacer en una sociedad donde sus antecesores salieron de una dictadura y encarrilaron un país acordando un antes y un después y creando una Constitución para todos. Y es muy triste, sobre todo cuando conoces tantos países, como es mi caso, ver cómo nuestros dirigentes ponen en peligro lo más valioso que tenemos: la convivencia y la calidad de vida que hemos conseguido.

12. Otra vez Marruecos

Pedro, mi socio, me quitó mucho tiempo y mucha autoestima, pero intento ver el lado positivo y quiero pensar que también me enseñó mucho. Curiosamente, a pesar de su profundo odio inicial hacia Marruecos y su gente, al cabo de un año terminó viviendo allí e incluso creo que tuvo algún hijo.

Debo reconocer que vivimos ciertas aventurillas que me hacen sonreír al recordarlas. No solamente reviví un país que me gustaba y del cual aprendí mucho en la época de los caracoles, sino que ahora lo hacía desde la experiencia de un negocio que iba bien, con ideas más claras sobre nuestros objetivos y con un conocimiento mucho mejor del producto.

Nuestra intención era no únicamente comprar pescado, sino elaborarlo en Marruecos, y para eso necesitábamos todos los permisos de exportación hacia Europa ya que la normativa en materia de importaciones, exportaciones y regulación alimentaria es totalmente distinta al tratarse de un continente diferente. Además, debíamos enfrentarnos a diferencias culturales, religiosas y económicas. Sin embargo, cruzar mercancía por Algeciras, uno de los principales puertos de Europa, donde había multitud de transitarios muy experimentados, suponía una ventaja.

Fuimos muy novatos; carecíamos de la experiencia de crear una empresa en Marruecos y nos dejamos asesorar por toda una amalgama de personas aprovechadas. Fue entonces cuando empecé a darme cuenta de las diversas formas en las que nos engañaban. Cuando tienes ilusión y se te nota, te conviertes en una presa fácil para todo aquel que quiere aprovecharse de ti. Y eso nos pasó, a mí por segunda vez. La diferencia es que la primera nunca tuve intención de montar una empresa en Marruecos, pero esta sí.

Lo primero fue llegar a Tánger, donde nos informaron de que debíamos tener un socio local marroquí, algo totalmente falso. Realmente no hace falta casi en ningún país, por mucho que se diga. Aun así, constituimos una sociedad con una persona que parecía honrada y tenía un cargo público prominente. Con la empresa ya establecida, comenzamos a buscar una fábrica donde poder elaborar. El negocio no iba mal, pero tampoco generaba grandes beneficios, por lo que tuvimos que usar ingenio y negociación para convencer a los dueños de los almacenes y del pescado de que éramos gente fiable. Les asegurábamos que elaboraríamos el pescado, lo exportaríamos y, después de unos días, regresaríamos para pagar las deudas contraídas y realizar operaciones cada vez más grandes. Y lo logramos. Conseguimos ganarnos su confianza y empezamos a montar una fábrica en una de las localidades de la costa atlántica norte de Marruecos.

Pedro y yo vivimos anécdotas increíbles durante ese tiempo. Alquilamos un apartamento y normalmente cruzábamos el Estrecho por la noche los domingos para aprovechar bien la semana. De Ceuta a Tánger hay una carretera de curvas que atraviesa la montaña sin iluminación, y recuerdo que una noche nos encontramos con una vaca negra en mitad de la carretera que por muy poco no acabó ahí con nuestra historia. Tuvimos que dar un volantazo y acabamos en el lateral de la carretera, afortunadamente sin daños.

Además, como siempre íbamos tan cortos de dinero, echábamos gasolina en Marruecos, que era más barata. Una noche apuramos tanto que pasamos un mal rato; no hacíamos más que mirar el contador digital del coche, que ponía que nos quedaban 20 km, 10 km, 5 km… aunque finalmente recorrimos casi 15 km con el marcador en 0. Ahí supimos que, cuando el marcador pone 0, todavía queda algo más de gasolina.

Vivir un Marruecos empresarial cuando no tienes dinero para extras o para lujos fue también un fantástico aprendizaje, ya que todo tenía que ser negociado. Nosotros exportábamos camiones completos, por lo que nuestros negocios eran grandes. Por ejemplo, un camión lleno de boquerones en vinagre elaborados podía costar casi 200 000 €, una gran responsabilidad. Sin embargo, esto también atrajo a grandes empresarios de España y Europa, quienes venían a visitar la fábrica, lo que nos permitió tener negociaciones de un nivel un poco más alto.

¿Cómo dos personas sin recursos pueden vender un camión por 200 000 €? De manera similar a cuando años después monté la primera fábrica de Ly Company por 5 millones de euros sin dinero, en Marruecos se aplicaba la misma estrategia, pero a una escala menor: consistía en convencer a diferentes pescadores para que dejaran el pescado una semana con la promesa de pagarles un poco más caro. Por otro lado, alquilé una fábrica con el acuerdo de pagarle al propietario al final de mes por cada kilo de pescado elaborado. Además, conseguí treinta días de pago con la naviera encargada de exportarme el contenedor, lo que me permitió pagar, junto con otros pequeños gastos, el trabajo diario de los operarios. Realmente el alto valor de un camión de boquerones en vinagre proviene principalmente de la laboriosa elaboración del producto, que añadía un valor significativo a los 25 000 kg de producto. Así, con poco más del 10 % de su valor de coste, conseguíamos exportar y poco a poco cobrar.

Una noche un importante empresario español vino a visitarnos. Siempre se dice que en una cena de negocios no se debe hablar de política ni de religión, y no puede ser más cierto. Durante la cena, mi socio Pedro, a quien ya le había advertido sobre esto, decidió ignorar mi consejo. Sin saber qué beneficio podría traer ofender continuamente a los demás, especialmente cuando estos eran clientes y colaboradores muy relevantes, mi socio cometió un grave error: en medio de la cena en Casablanca, comenzó a insultar vehementemente a los homosexuales y al partido político que suele asociarse con la comunidad LGTBI sin saber que nuestro invitado tenía esa inclinación sexual y esa orientación política. ¿Qué pasó? El empresario se levantó y se fue y perdimos el negocio. Pero, como ya he comentado antes, mi posición de debilidad económica en ese momento me llevaba a soportar todas estas situaciones. Nunca había visto un negocio tan claro, rentable y apasionante perderse por algo tan inútil e infame. En esos momentos quería matarlo por racista, por machista, por homófobo, por ser quien era y, sobre todo, quería matarme a mí mismo por haberme encadenado a una persona como él.

Poco a poco logramos que la fábrica empezara a funcionar. Contratábamos a mucha gente y nos turnábamos para ir y venir todas las semanas. Por un lado, yo tenía mis guardias y, por otro, contábamos con nuestro negocio en España. Vivíamos por y para la empresa, haciendo todo lo posible por que creciera.

En dos o tres meses ya teníamos más de doscientos trabajadores. Esto era muy curioso porque había una legislación en Marruecos que permitía no contratar formalmente a los empleados para evitar los gastos sociales extra siempre que se les pagara todos los días. Como íbamos tan justos de dinero, decidimos hacerlo así. Esto implicaba ir al banco todas las mañanas, cargar dos bolsas de IKEA llenas de billetes y repartirlos diariamente a los trabajadores. Pasábamos 2 h cada día pagándoles uno por uno, y cada día había más.

Al cabo de unos seis meses de establecernos, llegó una compañía española con cierto poder y quiso asociarse con nosotros. Pedro y yo lo vimos como una oportunidad porque tenía la capacidad económica para realizar compras de mayor volumen y de más calidad. Además, contaba con una red de distribución en España que permitiría que nosotros fuéramos la parte fabricante y colaboradora mientras que esa empresa se encargaría de la compra y venta posterior.

Otro error y otra mala decisión en mi vida fue ilusionarme y dejarme impresionar por una gran compañía y su dinero. Con el tiempo aprendí que en las empresas grandes existen dos tipos de trabajadores: los que realmente la hacen grande y, por desgracia, los que se creen importantes solo por trabajar en ella. Este perfil resulta común en las multinacionales, donde los mediocres proliferan debido a la política y al peloteo interno. A menudo te encuentras con petimetres e inútiles que se creen algo solo porque su tarjeta tiene el nombre de una gran corporación. Cuando por suerte o por desgracia tengo que tratar con ellos, al principio me aquejaba el síndrome del impostor, pero ahora me produce desidia y frustración ver cómo funcionan algunas compañías y algunos de los palurdos que las dirigen.

Así que, con el conocimiento de que no era necesario tener un socio local marroquí, Pedro y yo constituimos una nueva empresa en Marruecos junto a este nuevo socio. Paralelamente, creamos otra compañía en España que se encargaría de la importación. De este modo, la empresa española generaba el pedido a la marroquí y esta exportaba prácticamente al coste, generando un pequeñísimo beneficio a la compañía española importadora. Luego esta se encargaba de la venta en el mercado europeo. Este sistema resulta muy común en todos los países donde empresas extranjeras se asientan para crear manufacturas o colaboraciones de productos.

Adquirí una gran cantidad de conocimientos durante esos dos años en los que llegué a cruzar el país vecino más de 120 veces. Sin embargo, también sufrí mucho debido al egoísmo y a la falta de profesionalidad de mis socios. Estos aspectos fueron tan difíciles de soportar para mí que, a pesar de que finalmente me iba bien, decidí dejar todo atrás en 2013.

La anécdota, o más bien la mala experiencia, radica en que algunas personas se unen a ti, les enseñas cómo operar y comercializar en un país prolífico y deseado pero desconocido para ellas y muy difícil de mantener y operar y, cuando les muestras el camino, formas una sociedad y pactas una forma de trabajar, te das cuenta de que lo único que les importa es el dinero, no el trato, las personas ni lo que han aprendido. Lamentablemente te encontrarás con este tipo de personas muchas veces en la vida. Lo mejor es recordar cómo estabas antes de conocerlas, cerrar esa puerta y seguir adelante con tu vida. No es fácil ni rápido, pero con perspectiva es mejor alejarse de estas situaciones sin rencor.

Pongo un ejemplo muy claro: dentro del acuerdo que tenía, estos nuevos socios aportaban el dinero para una operación concreta. Nosotros (Pedro y yo) comprábamos la mercancía, la elaborábamos, la envasábamos y la exportábamos a la empresa común en España. De la venta obtenida, primero se pagaba el coste de la compra que habían puesto ellos; del resto, un 50 % se quedaba en la compañía y el otro 50 % se repartía a partes iguales.

Ese fue el trato aceptado por ambas partes. La decepción llegó cuando, tras pasar una mercancía de alto valor con un beneficio potencial de 100 000 € por el trabajo en la elaboración, una tarde de lluvia, sentado a la mesa con estos socios, surgió la frase: «No te imaginarás que te vamos a dar la mitad del beneficio cuando la compra la hemos puesto nosotros». Respondí que solamente esperaba que cumplieran su trato y que, si no lo hacían, automáticamente daríamos fin a la sociedad. Dije que ganarían mucho en ese envío, pero no tendrían más oportunidades. El egoísmo trae desgracia. Ellos ganaron en una operación, pero perdieron a un socio leal y con conocimiento.

Y nos enfrentaron a mi socio y a mí. Yo decidí salir, mientras que Pedro se quedó aceptando sus condiciones y con una migaja. Esta fue una de las mejores decisiones de mi vida: dejarlos atrás, tanto a Pedro como a ellos, y seguir mi camino con la cabeza bien alta, habiendo señalado claramente sus incumplimientos.

No acepté el chantaje ni hacer las cosas mal. Quizás en ese momento ya tenía muchas deudas pagadas y, aunque aún contaba con mi trabajo en el 061, mi sueldo ya no estaba embargado y también trabajaba como docente para la Junta de Andalucía. Por tanto, tomé la decisión adecuada. Es mejor morir de pie que vivir arrodillado, pero si puedes vivir de pie, no hay color.

Y así fue como terminó mi relación con ellos. Me quedó un sentimiento agridulce: por un lado, el alivio de haberme deshecho de una relación empresarial tóxica, pero por otro, la pena de la posibilidad de un gran negocio que al final se perdió para todos. A pesar de todo, queda la experiencia adquirida durante esos años y el respeto por algunas personas valiosas que conocí en esa gran compañía. No les guardo ningún rencor; con el paso de los años, incluso les tengo cierto aprecio. Al final, vivimos juntos una época enriquecedora.

Es curioso, porque ambos perdieron la relación conmigo, pero años más tarde se denunciaron entre sí y tuve que ir de testigo a su juicio. No me salpicó porque desde el primer momento me imputaron como investigado, pero rápidamente la Policía y el juez comprobaron que mi relación con ellos terminó años atrás. Esa fue otra experiencia vital que tampoco le deseo a nadie: recibir una llamada de la Policía para comunicarte que vayas a la comisaría porque estás denunciado y que te llame el juez en calidad de imputado, aunque no detenido.

Esa tarde fue de las más angustiosas de mi vida porque, aunque yo estaba seguro de que no había hecho nada malo, contaba con las malas experiencias de juicios anteriores en los que me habían metido.

En este caso el tema era muy serio, y me libró poder contar con papeles firmados por ellos que demostraban mi salida en 2013 y mi desvinculación de las sociedades conjuntas. Sin embargo, en Marruecos las cosas funcionan de manera diferente a España y en algún registro oficial todavía seguía figurando mi nombre. Fue un sustito, uno más.

De esta segunda experiencia en Marruecos también me llevé algo muy positivo: mi relación con un socio marroquí, Rachid, con quien monté dos empresas, una en Marruecos y otra en España. Tuvimos una relación muy sana y coherente y, aunque no duró mucho tiempo, nos quedó una gran amistad y un gran recuerdo.

Con esta nueva compañía nos adentramos en un negocio más de *commodities,* que fue la compraventa de sardinas y caballa para los países de África negra o del golfo de Guinea.

Con Djombi, amigo y mano derecha de mi socio camerunés, a punto de comernos unos gusanos muy ricos.

Marruecos es un gran productor de pescado; destacan los cefalópodos, como el calamar, el pulpo y la sepia, así como los pelágicos, como el jurel, la sardina o la caballa, que se pesca muchísimo en el sur de Marruecos. Estos pescados se destinan principalmente a mercados de bajo precio y a barcos de pesca, ya que la caballa y la sardina se utilizan como cebo en la técnica de palangre.

Rachid tenía muchos contactos tanto en Marruecos como en el golfo de Guinea, y nos salieron varias operaciones grandes en la zona. Hablamos de un pescado que comprábamos a 0.25 €/kg y podíamos vender a 0.40 €. Se trataba de pescados muy baratos que nos daban un margen neto de 1 o 2 cts., pero hacíamos mucho volumen.

Este negocio me llevó a recorrer la costa atlántica y el golfo de Guinea, donde viví experiencias memorables. Una de las que más recuerdo fue cuando me disponía a cruzar la frontera de Mauritania con Senegal. Llegó al hotel un coche de Naciones Unidas para escoltarme debido a un conflicto en la zona. Al principio me negué a ir y pensé en regresar cuando la situación se resolviera, pero me explicaron que la sardina era un producto de primera necesidad vendido a los Gobiernos para alimentar a la población y que mi labor era crucial en ese momento.

Así, me vi forzado a entrar en un país en conflicto. Una de las frases que nunca olvidaré fue la pronunciada por el conductor del Toyota Land Cruiser blanco con las siglas UN en la puerta, quien me entregó una ametralladora y me dijo: «*Monsieur* Rodríguez, no va a hacer falta usarla porque la situación está tranquila, pero, si es necesario, solo hay que apretar el gatillo». La sensación de tranquilidad durante esos días de viaje fue casi imposible de mantener.

Esta frase y el peso y el frío del metal todavía los siento en la mano y en la pierna. Aquí en la comodidad de un país europeo y en la confortabilidad de España somos todos muy chulos y arrogantes, pero en aquel momento yo estaba muerto de miedo. Hicimos varios camiones de sardina, pero al cabo de unos meses me reuní con unos señores de Córdoba que me ofrecieron un negocio allí. Yo ya me había separado de Pedro, dejándole la empresa marroquí y la fábrica de elaboración en España; tan solo me había quedado con parte de los clientes, a los que Maite y yo atendíamos en sus instalaciones como si fuéramos una subcontrata. Tenía mis guardias del 061 y mis clases varios días al mes, y vi el momento de dejar Marruecos y África atrás.

Nunca me arrepentí de dejar Marruecos y varios años de muchísimas experiencias; de haber tenido fábrica en Kenitra, en Casablanca y en Agadir; de haber contado con más de ochocientos trabajadores, y de haber dejado muchos amigos en el país. Y, por supuesto, no me arrepiento de haber dejado atrás esas cuatro empresas y a esos socios.

En Mauritania, antes de montarme en el coche de Naciones Unidas.

¿Qué aprendí?

Aprendí que salir de la zona de confort te enseña todo, sobre todo en la vida empresarial, y fui testigo de cómo cambian las personas cuando se dan cuenta de que sus malos actos no tienen consecuencias.

Aprendí a decir que no, algo muy importante porque es necesario poner en una balanza los pros y los contras. Para los optimistas obsesivos como los emprendedores como yo, esto resulta muy complicado. Y seguí aprendiendo a negociar porque, en un país en vías de desarrollo, donde todo absolutamente todo lo tienes que negociar, todo resulta aprendizaje.

Descubrí lo intimidante que es recibir una llamada de la Policía y sentir que, aunque no hayas hecho nada, te puede caer de todo.

Comprendí cómo los corruptos pueden parar un país. Cuando tienes que sacar de un puerto una mercancía que está lista, cada día te van retrasando, y ya no te cuento lo que pasa si se trata de material perecedero.

Tengo una anécdota que lo ilustra a la perfección: todos los productores del puerto de Agadir debíamos entregar un sobre de unos 350 € a algunos funcionarios para que nuestra salida fuera un poco más rápida. Sin embargo, como todos entregábamos ese *agradecimiento*, no se aceleraba nada. Propusimos al Gobierno marroquí, a través de la embajada, que autorizara a otros puertos a hacer el análisis necesario de las mercancías por el que pagábamos para acelerar las cosas. El Gobierno nos hizo caso y permitió hacer estas operaciones en otras ciudades, como Rabat, Tánger o Casablanca. En un mes, los funcionarios del puerto dejaron de percibir nuestros sobres. ¿Y qué pasó? Se pusieron en huelga, el Gobierno lo permitió y, en vez de revocarlos a ellos, revocó la autorización de hacer análisis en otras ciudades. Increíble. Así que volvimos a la situación anterior, solo que los sobres aumentaron de precio para que hubiera celeridad.

13. Las diez primeras empresas y adiós al pescado

A finales de 2013 seguía trabajando en los equipos de emergencia cada cinco días, y los días que no tenía guardia iba con Maite a elaborar pescado. Éramos ya unos expertos y contábamos con algún empleado más en la factoría de uno de mis antiguos clientes. Recuerdo esa época como muy tranquila; fueron dos años donde quise borrar la etapa de Marruecos y África e incluso disfruté mis primeras vacaciones, primero una semana en Ibiza con Maite y luego con los niños también. Esto puede parecer una tontería, pero yo veía cómo mis compañeros de la ambulancia se iban de vacaciones cada año y yo nunca podía porque no tenía dinero.

Jamás tuve envidia hacia las personas a las que todo les salía bien mientras yo seguía intentándolo e intentándolo sin éxito. Tampoco me he considerado una persona humilde, aunque siempre me dicen que lo soy, quizás porque veo una debilidad en la falsa humildad. No creo que alguien que se haya ganado con esfuerzo tener una gran casa, un buen coche o los lujos que desee deba renunciar a ellos por falsa humildad. Vivimos en una economía de corte capitalista y en democracia para que cada uno, con su esfuerzo, pueda alcanzar sus objetivos, sean estos más o menos materialistas.

Pero si hay algo que me hizo ser un aprendedor, fue la oportunidad de apreciar lo que hacían los demás dejando que entrara luz en mi vida y quitándome esa venda de tristeza y descorazonamiento que tenía. Cuando uno lo pasa mal, la visión se estrecha, se pone en modo túnel y eres incapaz de abrir la mente y la mirada a lo que hay alrededor. Solo te centras en los grandísimos problemas que tienes, lo que es normal. Sin embargo, comencé a dejar de sentir siquiera esa envidia sana, a no deber nada a nadie, a quitarme el síndrome del impostor y a valorarme a mí mismo. Esto, lejos de alimentar mi ego, que obviamente es un enemigo que debes tener siempre presente, me permitió aprender de los demás. Cuando no te sientes por debajo de nadie y, mucho más importante, tampoco por encima, es cuando puedes aprender de todos.

Y esta es la sensación que tengo ahora, una tranquilidad pasmosa que me permite absorber conocimientos de todos los que están a mi alrededor sin importar su tamaño o posición social. Cada persona tiene un talento único para enseñarte algo; solamente hay que tener la humildad de aprenderlo. Para mí esa es la verdadera humildad, no la falsa modestia que muchos exhiben.

Pero en aquel momento llevaba unos quince años de desdichas y había constituido doce empresas desde la de los caracoles entre las que se encontraban: la fábrica, tres en Marruecos, una tapería, una promotora, dos comercializadoras de pescado y una consultora autónoma de productos del mar. Me había arruinado dos veces, una de la peor manera posible, y ahora no me creía que, entre Maite y yo, estuviéramos ingresando en casa alrededor de 6000-8000 €/mes. A esto había que quitar los gastos, que no eran más del 30 %, y, por supuesto, la gran cantidad de impuestos de nuestro maravilloso sistema fiscal y confiscatorio.

Aún en ese momento seguía ligado a Pedro, aunque no empresarialmente. Él me debía aproximadamente 35 000 €, parte de un préstamo total de 70 000 € que íbamos pagando juntos, cada uno aportando casi 1000 €/mes. Todavía tenía esa sensación de inferioridad y la impotencia de deber aguantar todo lo que me decía y de darle cualquier cosa que me pidiera porque el único responsable de ese préstamo era yo.

Él era insolvente; había jugado muy bien sus cartas: si yo no le prestaba el servicio, la atención o el favor que me pedía, temía que dejara de pagar esos 1000 €. Aunque pagaba, requería mucho trabajo y paciencia por mi parte. Sabía que un día dejaría de hacerlo, y mi economía no soportaría tanta deuda nuevamente. Antes de que eso ocurriera, reestructuré mi deuda personal y me convencí de que no podía depender de ese dinero; me enfoqué en cortar de una vez por todas con esa persona por mi propia autoestima. Fue lo mejor que hice, porque unos meses después tuvo problemas legales y desapareció del país, dejándome tirado y con la deuda.

En un capítulo anterior mencioné que una entidad bancaria hizo una operación deleznable conmigo. Fue esta y en este momento, donde por ganar un punto más de interés, o para que el responsable alcanzara un bono, se nos causó un descalabro importante. Es algo que no olvido y sobre lo que no es malo tener pequeñas venganzas. O, dicho de otro modo, al final la vida da muchas vueltas, y resulta que quienes te trataban con desdén y superioridad ahora agachan la cabeza, te piden disculpas y te adulan. Pero la experiencia y la falta de envidia y las necesidades también hacen que te comportes de manera correcta y cordial con esta gente que, de forma impersonal, te trató mal en el pasado.

En 2014 continuábamos con esa época tranquila; no teníamos mucho, pero tampoco nos faltaba. Solo quedaba ya una deuda, que, aunque cuantiosa, resultaba manejable. Además, debíamos los IBI, agua, saneamiento, etc., al Patronato de Recaudación Provincial por años de impagos, pero hicimos un plan de pagos y también lo fuimos resolviendo. Una de las grandes putadas que tiene este país consiste en no contar con una ley de segunda oportunidad efectiva. Nos la venden como una solución real para ganar votos, pero en la práctica no cumple su propósito. Se otorgan muchas ayudas, pero no hay una que permita pagar deudas anteriores, especialmente pensada para los emprendedores que han fracasado y precisan empezar de nuevo. En cambio, existen numerosas ayudas para colectivos que no producen nada, mientras los colectivos empresariales son denostados y demonizados continuamente por los políticos, los mismos que se subvencionan con dinero público proveniente de nuestro esfuerzo. El dinero mejor invertido es en hombres y mujeres de valor empresarial, de compromiso laboral, y en aquellos que crean empresas y riqueza, lo que se traduce en crear empleo y pagar impuestos.

Poco a poco logramos salir de esos años complicados y pudimos irnos de vacaciones de nuevo al año siguiente, esta vez a Fuerteventura. Cuando te va mal y tienes problemas económicos, es normal, además, que tu estado de ánimo se encuentre por los suelos. Pero incluso cuando empiezas a mejorar, te encuentras pagando las deudas acumuladas durante los malos tiempos y, aunque laboralmente estés en un momento tranquilo, económicamente estás igual o peor que antes porque ahora vuelves a tener dinero para embargarte. Además, persiste el miedo a perderlo todo de nuevo y la idea de que, tarde o temprano, volverás a cometer los mismos errores, ya que es lo que ha sucedido en el pasado.

Una mañana a finales de 2014 recibí una llamada de mi amigo Rachid, mi exsocio marroquí, pidiéndome apoyo en una reunión que iba a tener en Málaga con unos empresarios cordobeses. Él estaba buscando una empresa que le envasara tomate en cartón, en tetrabrik, y me pidió que lo acompañara. Durante esa reunión, conocimos al director general de la compañía cordobesa y de inmediato hubo una buena conexión entre nosotros. Días después me propuso ir a Córdoba para formar un equipo comercial internacional que estaba intentando reclutar en ese momento pero que ni él ni nadie de su entorno sabía cómo formar.

Yo acepté, previa aceptación de él de mis condiciones, que básicamente consistían en un estipendio por esos días y el alojamiento. Durante esa semana compartimos muchos proyectos posibles que podíamos hacer juntos, ya que ellos tenían una fábrica maravillosa con cuatro líneas de envasado que podían producir muchos millones de unidades, si bien en ese momento estaban funcionando al 20 o 30 %. Por mi parte, me sentía muy cómodo en el comercio internacional, especialmente con productos alimenticios, y sabía que había mucho producto por vender y gran capacidad en la fábrica. Además, siempre he tenido habilidad para vender todo lo que ofrezco, sin importar lo mal que pudieran ir las cosas. Mi problema, en todas las ocasiones, fue la producción o la materia prima, porque comercialmente me quedaba sin mercancía. Como repetiré tantas veces, si algo se puede vender a veinte personas, se puede vender a veinte mil.

Después de esa semana de comidas continuas, formación de su equipo e interacción con él y con sus proyectos, Rachid me ofreció quedarme en Córdoba bajo unas condiciones de remuneración y alojamiento.

Dicen por ahí que en la vida se toman entre siete y diez decisiones importantes, las que realmente dan un giro y cambian tu vida. Quizás mi vida no es muy común y he tenido que tomar más decisiones de la cuenta, pero no han sido muchas más. En general pienso que tampoco son tantas en la vida de cualquier otra persona; las más comunes para todos son: qué opción eliges cuando sales del colegio o del instituto, qué pareja escoges y con quién decides pasar la vida, qué trabajo eliges, con quién te asocias y en qué momento decides dar un rumbo u otro a tu vida, tanto laboral como personal.

Esta era una de esas decisiones importantes. Era el momento de decir: «Me voy a Córdoba, dejo definitivamente el pescado y vuelvo cada cuatro días o algún fin de semana para hacer mi guardia». Para mí el trabajo en el 061 no solo era vocacional, sino también un seguro de vida. Curiosamente, también fue el motor de mis problemas, porque ese trabajo público hizo que el banco me concediera el primer dinero. Tiene cierta gracia.

Dejé definitivamente el pescado, ya había dejado África y ahora me centré en otro reto empresarial que suponía irme entre semana a Córdoba y volver los fines de semana para hacer mi guardia y estar con mi familia. Empezaba otra época de aprendizaje que afronté con muchísima ilusión, pero Córdoba también me deparaba alguna sorpresa, como siempre, por mis decisiones.

¿Qué aprendí?

Aprendí a empezar a desconectar un poco y la importancia de hacerlo y desaprendí los malos vicios y muchas malas artes empresariales que había adquirido en África.

También aprendí una de las mejores lecciones de mi vida y de este libro, aunque lo hice muy tarde y después de haber dedicado años a ello. Por eso creo que resulta de vital importancia aprender a alejarse de los tristes —un amigo mío se reiría al leer esto porque lo lleva tatuado en su brazo— y de la gente tóxica. Si bien esto parece fácil, lo realmente importante es aprender a tomar la decisión de alejarse por uno mismo. Todos saben que es necesario alejarse de personas así, pero tomar la decisión de hacerlo es muy complicado. Te hace sentir mal, mala persona, y tener sentimientos contradictorios y enfrentados. El verdadero aprendizaje estriba en convencerte y estar seguro de que hacerlo es lo mejor para ti, para tu entorno familiar o empresarial y muchas veces incluso para esas mismas personas.

14. Córdoba

Tomar la decisión de dejar el negocio del pescado después de tantos años me costó mucho. Abandonar un conocimiento rentable para lanzarme a otro mundo más ejecutivo significaba dejar atrás algo que me había sacado del pozo en el que estaba y con lo que me sentía cómodo. Recuerdo perfectamente ir conduciendo con Maite al lado y decir «sí» por el manos libres.

Al colgar me sentí como en un vacío, consciente de que esta era otra de esas grandes decisiones que se toman en la vida y preguntándome si esta vez acertaría. Conociendo mi pasado, parece casi increíble que me atreviera a embarcarme en esta nueva aventura estando completamente estable, pero lo hice con muchas ganas.

Llegué una mañana de otoño de 2014 a unas oficinas muy chulas vistiendo corbata, pues en el mundo empresarial cordobés todo el mundo la lleva. Mi relación con las corbatas es extraña: por un lado, me gustan en algunos momentos, pero por otro me resultan una cadena al cuello que atan a un atavismo del pasado y que carecen de sentido en el emprendimiento actual; es más, creo que nos alejan muchísimo de los nuevos emprendedores y que los organismos oficiales empresariales deben relajar un poco ese rigor de vestimenta para acomodarse a las nuevas generaciones, que a menudo ni están ni se sienten esperadas en esas organizaciones.

El caso es que en Córdoba se trabaja así, y para mí el principal cambio fue que me metía en la piel de un ejecutivo, cuando siempre he sido un tipo de uniforme, camiseta y vaqueros. Además, seguía alternando mi trabajo como TES del 061 atendiendo a pacientes vestido de naranja y con una cuenta corriente penosa, con el de ejecutivo que llevaba corbata y negociaba acuerdos internacionales de varios millones de envases.

Empezar a tratar con altos ejecutivos, como el director comercial de COVAP o de Coca-Cola, por ejemplo, me provocó algo que todavía casi diez años después perdura porque avivó en mí el síndrome del impostor y las heridas que me dejó, que fueron muy profundas.

Uno no se da cuenta de la experiencia que va adquiriendo con todas las vivencias que ha acumulado cuando ha fracasado, pero tanto la experiencia como el conocimiento están ahí. En ese momento yo me sentía como pez fuera del agua. Es curioso porque te sientas con un directivo de una gran empresa y piensas que es muy superior a ti. Sin embargo, cuando te conoce y conoce tus vivencias, tu rapidez de mente, tu capacidad de negociación y la forma lógica y técnica de pensar que te han aportado todas esas vivencias, resulta que es esa persona quien se siente apabullada. Pero tú nunca lo sabes ni lo sientes así debido al síndrome del impostor. En cambio, te encuentras con mucha gente que en vivencias y en experiencia vital es bastante inferior y cuyo desconocimiento de lo que se puede llegar a saber y controlar es muy amplio, pero se siente muy superior. Así es...

Pero sí había algo muy positivo en esa experiencia: yo ya sabía mucho de comercio exterior, códigos TARIQ, Incoterms, importación y exportación y métodos de pago internacionales. Y lo más importante era que, después de comerciar en lo mejorcito de África y tratar durante años con países en desarrollo, hacerlo en Europa era como dar un paseo por el parque.

Con el tiempo se caen muchos mitos cuando conoces grandes empresas o multinacionales. Como decía antes, hay gente muy buena que hace grande la empresa y otros inútiles que se creen grandes solo porque han heredado o son ejecutivos de compañías importantes.

También he visto de todo respecto a herederos de grandes corporaciones. Algunos, mediocres e incapaces, con más orgullo que inteligencia, no han logrado arruinar a la empresa porque tienen más dinero que capacidad para destrozarla y cuentan con personas competentes que les resuelven los problemas en los que se meten. Era gracioso ver la cara de pardillos asustados que ponían algunos cuando los sacabas de su zona de confort y los llevabas a un pueblo en mitad de Mauritania a tratar con un comerciante con un bulto debajo de la túnica. Bastaba una mirada de este último para ponerlos firmes, y sabías que una conversación, unas palabras mal escogidas, y no salías entero.

No puedo evitar recordar la cara de ese muchacho que vivió esa situación. Probablemente nunca se sintió más lejos de las faldas de papá y mamá en su vida. África no es para todo el mundo, y menos para novatos; quienes hayan negociado allí lo entenderán al instante.

También he conocido a herederos y herederas, y aquí doblo el género porque tanto ellas como ellos saben a quiénes me refiero, y los admiro muchísimo. Estas personas han soportado el peso histórico de una empresa familiar centenaria, formándose y dándolo todo cada día por su familia y su compañía. No es lo común, pero tienen todo mi respeto y admiración. Quizás nunca sabrán lo que es montar una empresa desde cero, y probablemente no serían capaces, pero yo tampoco podría hacer y aguantar lo que muchas veces ellos padecen por y para sus familias.

Esto refuerza mi creencia de siempre: para ser bueno en algo, lo importante es ser buena persona y tener una actitud optimista, educada y sonriente; eso lo es todo.

En Córdoba aprendí muchas cosas, entre ellas cómo se mueve una compañía más estructurada y ejecutiva pero con una falta total y absoluta de conocimiento comercial. Esto hizo que la unión fuera perfecta, ya que ellos eran técnicamente muy buenos y yo aportaba el sentido común en la toma de decisiones, donde la directiva era, por un lado, un poco inexistente, y por otro, bastante ineficaz.

Empezamos envasando aceite de oliva, y para eso lo primero que necesitaba era aprenderlo todo sobre el producto.

Es impresionante lo poco que sabemos, sobre todo los españoles, de nuestro producto más internacional. Me dediqué a conocerlo a fondo de la mano del presidente del grupo. Descubrí los distintos tipos de plantaciones: el olivar tradicional con árboles a 10-12 m uno del otro; el olivar semiintensivo con árboles a 6-8 m uno del otro, y el olivar intensivo u olivar en seto, con hiladas de setos con arbolitos a 1.5 m uno del otro y a 4.5 m una fila de la otra.

Me enteré de que el aceite de oliva se divide en tres denominaciones, dependiendo de la cantidad de ácidos grasos libres, donde a mayor acidez, peor calidad. El aceite de oliva virgen extra (AOVE) tiene un grado de acidez de 0-0.8° y el aceite de oliva virgen, de 0.8-2°.

Lo sorprendente, y algo que casi nadie sabe, es que, cuando la acidez supera los 2°, el aceite ya no es apto para el consumo humano. Este aceite, llamado *lampante* porque antiguamente se usaba para encender lámparas, se refina a más de 500°, eliminando todas las impurezas y resultando en un aceite transparente. Luego se mezcla con un 10 % de virgen o virgen extra, que le aporta color y aroma, y se vende como «aceite de oliva». A veces se le añade la etiqueta «Sabor suave» o «Sabor intenso». Y es completamente legal, ya que sigue siendo un aceite de oliva. Incluso se le pone una graduación de 0.8° o 1°. ¡¡Claro!! El aceite quemado no tiene acidez ni ácidos grasos (0°); es la pequeña cantidad del virgen o del virgen extra la que le da esa graduación.

También me enseñaron que el color normal del aceite de oliva es amarillo oro. Aunque hay especies más verdosas que otras, un aceite de calidad nunca será verde intenso ni estará turbio; debe tener cierta transparencia porque filtra para quitar las impurezas, trozos de hojas, tierra e insectos. Lo peor fue descubrir que, por nuestra ignorancia, algunas empresas usan potenciadores de clorofila para verdear el aceite y enturbiantes para darle apariencia natural. Hasta que no lo vi no lo creí. Y lo vi.

Podría dedicar muchas páginas al tema del aceite con todo lo que aprendí. Por ejemplo, no debe envasarse en una botella transparente ni con oxígeno porque, al ser una grasa 100 %, se oxida y pierde sus propiedades en pocos meses. Tú ni te enteras porque no caduca o no pierde mucho el aroma, pero las propiedades beneficiosas, como las vitaminas, los betacarotenos y los polifenoles, sí desaparecen. Por eso, repito, cuando veas un aceite *premium*, estará envasado en una botella opaca y, al echarlo al plato o al pan, será transparente, con un tono amarillo verdoso oro.

En Córdoba gestionaba varias líneas de envasado de alta capacidad; fue una inmersión en el segmento industrial del envasado y las fábricas de alta tecnificación. Sin embargo, casi un año después, de los 35 proyectos que propuse, ninguno fue aprobado por la presidencia y la dirección técnica de la compañía ya que todo lo consideraban muy difícil o muy caro.

Al principio la empresa daba muy buena impresión, pero poco a poco me di cuenta de que estaba inmersa en grandes deudas y a punto de entrar en concurso de acreedores. Este era el principal motivo de no tener dinero.

Llegó un momento en el que se quedó sin fondos. En ese punto, confiaba tanto en mí y en la posibilidad de sacar adelante un buen proyecto que, cuando ya no pudo pagarme el alojamiento o, más bien, cuando decidió suprimir ese gasto, yo estaba a punto de cerrar una operación muy grande y decidí dormir en la oficina casi dos meses.

Recuerdo que un director general de la corporación me acompañó a una tienda a comprarme un colchón inflable para que pudiera quedarme a dormir en mi despacho. Parece mentira, pero así fue. Engañaba al conserje del edificio, que estaba en el centro industrial de Córdoba, lejos del centro de fabricación, y le decía que tenía llamadas con clientes chinos por la noche. Luego, una vez que abría el edificio a las siete de la mañana, salía y me iba a un gimnasio enorme de Córdoba, hacía algo de deporte y me duchaba.

Es lo que pasa cuando colaboras con alguien como yo: dormir en una oficina no es cuestión de humildad ni de ninguna otra tontería; simplemente, no era, ni de lejos, el peor lugar donde he dormido durante semanas. Si lo comparas con los sitios y los *compañeros* con los que dormía un par de años antes, parecía un lujo. Por ejemplo, una noche, cerca de Senegal, me despertó una sensación extraña en el brazo y, cuando miré, vi una cucaracha del tamaño de Shrek caminando sobre mí. Entre lo que se me ha pasado por el cuerpo y lo que he comido, podría hacer varios documentales.

Lo bueno que saqué de esta experiencia en Córdoba fue ganarme el respeto y la confianza de la multinacional proveedora de maquinaria y envases de esta multinacional, que me ofreció la oportunidad de montar una fábrica por mi cuenta. Y esta sí que es una historia interesante: cómo monté una fábrica de cinco millones de euros sin dinero.

En mi despacho de Córdoba donde dormía en un colchón inflable.

¿Qué aprendí?

Aprendí que son las personas quienes hacen a las compañías y que estas están llenas de mequetrefes; que si tienes una empresa pequeña, debes deshacerte de los mediocres, tristes y ofendiditos cuanto antes. En las grandes compañías pueden pasar desapercibidos en su ineptitud, pero, si estás empezando, tienes problemas. Además, pudren al resto de personas para que nadie destaque sobre su mediocridad.

Y comprendí que las empresas se pueden escalar, pero difícilmente se salvan cuando están heridas de muerte y, sobre todo, nunca se salvarán si quien ha tomado las decisiones que las han llevado al debacle sigue al mando.

15. Socios: ángeles o demonios II. El ángel

En 2015 llegó un ángel a nuestras vidas, Paco. En realidad, es un angelote porque pesa 140 kg y mide 2 m.

Antes ya había tenido un socio, Carlos, que en la época del mejillón y los caracoles no solo fue un buen socio y una buena persona, sino también un mentor y un profesor de la vida empresarial.

Paco era amigo nuestro desde 2004, cuando nuestros hijos coincidieron en la guardería y, poco a poco, fuimos fortaleciendo nuestra amistad. Esto ocurrió durante la mitad de mi estancia en Córdoba.

Él trabajaba como director de proyectos en una ingeniería gigantesca que construía depuradoras y desaladoras por todo el mundo. Madrileño de nacimiento, se trasladó a Málaga alrededor de 2000 para dirigir la obra de una desaladora en la ciudad.

En nuestras conversaciones de *amigachos* me contaba que estaba harto de viajar, de no tener llave ni saber el código de la alarma de su propia casa; de que sus perros le ladraran y sus dos hijos, de 12 y 15 años, apenas lo vieran. Solamente cada dos semanas podía llevarlos el fin de semana a comer y poco más. Incluso en el colegio pensaban que su mujer estaba divorciada.

El caso es que un día me dijo que le gustaría montar algo. Es curioso cómo esa frase, «montar algo», siempre la dice la gente que está harta de su trabajo y nunca ha montado una empresa pero no tiene ningún proyecto u objetivo a la vista.

Paco me comentó una idea que le rondaba la cabeza: montar máquinas de realidad virtual en los centros comerciales. No sé si se le ocurrió a él solo o lo había visto en algún anuncio, pero le quité esa idea fantasiosa de la cabeza casi de inmediato. Y como siempre me ha caracterizado la generosidad en todo y además soy un fiel defensor de que todo lo que se haga en compañía se hace mejor, pensé que Paco podía unirse a la aventura que estaba viviendo en Córdoba y formar equipo junto con mi mujer Maite.

Recuerdo que Paco estaba terminando una planta de tratamiento de residuos en Orense cuando decidimos que se uniera a la empresa. No lo conocía empresarialmente, así que le pedí una inversión para comprobar su compromiso; no recuerdo si fueron unos 20 000 €, que para el proyecto en ese momento era una cantidad considerable. En ese momento, ni siquiera teníamos claro que íbamos a montar una fábrica, y si no hubiera sido por él, probablemente yo nunca hubiera vuelto a emprender un proyecto así.

Aquí tengo que destacar el papel de Beatriz, la esposa de Paco y otra compañera de nuestras vidas. Muchas veces, cuando tienes socios, es fundamental que sus parejas entiendan lo que significa ser empresario, dedicar horas y horas a un proyecto. Para los cónyuges de empresarios y empresarias, la convivencia puede resultar muy complicada. Pero cuando se está en sociedad, no solo deben entender a su pareja, sino también a los socios, como en mi caso, donde yo manejaba el liderazgo de nuestra sociedad.

En este sentido, Beatriz jamás se metió en nada, nunca tuvo siquiera una pequeña discusión y siempre actuó con el mayor respeto y la mayor comprensión, incluso en los momentos iniciales, cuando Paco, con 43 años, dejó un sueldo de más de 100 000 € en una multinacional muy asentada para irse al desempleo y no saber qué iba a pasar con sus vidas unos meses después. Estas líneas van dedicadas a ella también.

Siempre me ha dado *coraje* —en Andalucía lo usamos mucho como sinónimo de *rabia*—ver cómo yo ya llevaba más de 14 o

15 empresas y me había estrellado varias veces, pasando por situaciones difíciles como las que he contado y, en cambio, Paco dejó su trabajo y el primer negocio que montó el canalla en su vida le salió bien. Eso sí: el primer año creímos que no íbamos a salir adelante, y él vio las orejas al lobo porque tuvo problemas económicos que no había sufrido nunca. Muchas veces, con retrospectiva, es bueno pasar esos momentos para valorar lo estupendamente que se está cuando las cosas van bien. En general, tenemos tal comodidad de vida que no valoramos en absoluto la dificultad de conseguir cualquier hito individualmente. Siempre que voy a una entrevista, tengo palabras de elogio para Paco, pero al final digo lo mismo: «Este "cabrón" monta la primera y le sale bien».

Así que, mientras yo dormía en una oficina en Córdoba, engañando al conserje, a mis amigos y, la verdad, a casi todo el mundo, Paco empezó a integrarse y a aprender poco a poco lo que yo estaba haciendo en Córdoba y las enseñanzas de toda una vida empresarial.

Unos meses antes de salir de allí, nos llegó un proyecto maravilloso a todas luces, pero como he comentado antes, la dirección general de la compañía no terminaba de admitir casi ningún proyecto que le llevaba, hasta el punto de que, por no modificar un 3 % de una receta, dejamos de vender a más de setenta establecimientos en Marruecos de un contacto que tenía anteriormente. Y como ese ejemplo podría relatar más de veinte.

Pero entró un cliente de vinos, en concreto de sangrías, que nos pedía envasarlas en cartón en esta empresa. La dirección general de la compañía, como era de esperar, nos informó de que no tenía dinero ni los materiales necesarios para llevar a cabo el proyecto, ya que en esa fábrica no se envasaba ese tipo de producto. En ese momento, utilizamos un pequeño préstamo de 10 000 € que yo había pedido y los 20 000 € que había aportado Paco. Dijimos a la compañía que nosotros pagaríamos lo que costase la adaptación para poder servir a ese cliente; todo esto, con la condición de que seríamos el cliente principal y la empresa de vinos, nuestro subcliente.

Así lo hicimos y fundamos otra compañía: Lopeyano. Creo que no ha habido un nombre más feo nunca; era feo, feo, muy feo, pero era nuestro, y simbolizaba nuestra determinación. Lo genial en esta situación fue entender que, si un proyecto es bueno y no se puede llevar a cabo con una empresa, hay que buscar una alternativa. Y, si el problema es con las personas, entonces arriésgate tú si confías en el proyecto y en ti mismo.

Empezamos a meternos en el mundo del vino, a saber cómo se envasaba, a visitar bodegas y a familiarizarnos con ese nuevo entorno. Descubrimos el mercado de graneles, con vinos a precios tan bajos como 0.30 €/l, y cómo se importaban grandes cantidades de vino a granel de Chile para luego venderlos aquí como vino de cocina o vino de mesa. También aprendimos sobre la elaboración de sangrías, que es básicamente vino con azúcar, aditivos y aromas, aunque cada maestro tiene su receta y cada enólogo su fórmula. Y encontramos una fórmula muy rica que se convirtió en el puente hacia nuestro siguiente episodio.

Habíamos establecido una buena relación con la multinacional Tetra Pak, el principal proveedor de envases y tapones. Tetra Pak se sentía muy cómoda trabajando con nosotros y, cuando ya estábamos envasando y exportando sangría, nos propuso crear nuestra propia fábrica. Mi respuesta inicial fue un rotundo no. Ya había tenido muchas fábricas y quería adoptar el modelo americano de *moving mox*, es decir, comprar y vender sin prácticamente manipular el producto, siendo un intermediario. No deseaba involucrarme en lo que se llama CAPEX, la estructura industrial, ni asumir más deudas. Ja, ja y ja. Qué rápido fallé a mis principios... en menos de un año ya estaba hasta las cejas de deudas y montando una fábrica nuevamente.

Pasaron las semanas y Paco estaba cada vez más ilusionado con montar su propia fábrica y yo cada vez más deprimido ante la perspectiva de un nuevo proyecto. Debo admitir que era muy aspiracional: no solo se trataba de montar una fábrica, sino que, si conseguíamos esos 5 millones de euros, nos posicionaríamos en la primera división del mercado. Eso molaba mucho, era muy emocionante.

Teníamos el conocimiento necesario y la madurez para que el proyecto funcionara. Además, contábamos con el apoyo de una gran multinacional que nos estaba poniendo el proyecto en bandeja, incluyendo apoyo comercial, marketing y otros recursos. También disponíamos de un cliente sólido que podía trasladarse a nuestra nueva fábrica, garantizándonos un volumen inicial para acercarnos a nuestro punto de equilibrio. Aunque inicialmente pensamos que esto cubriría parte de los gastos, la realidad fue diferente y tuvimos que empezar casi de cero nuevamente, pero con una fábrica y una deuda de 5 millones de euros.

Y esta es la historia que contaré más adelante, una de las más emocionantes y que más me gusta relatar.

Paquito y yo en una de nuestras múltiples cervezas.

¿Qué aprendí?

Aprendí algo fundamental que ahora comento en muchas charlas: los empresarios nos enfrentamos a graves problemas cuando necesitamos incorporar a ejecutivos que sepan más que nosotros, lo que casi siempre es el caso. Y por eso creo firmemente que hay muchísimas compañías con empresarios buenísimos que las llevan de un nivel bajo a otro medio, que podríamos decir que puede estar en torno a los 5 millones de facturación. Sin embargo, muchas de estas compañías no logran subir de ese rango. Mi creencia es que facturar

5 o 10 millones de euros cuando tienes una buena idea, cierto talento y visión empresarial no parece muy difícil, pero llevar la compañía a más de 100 millones de euros ya requiere un equipo humano multidisciplinar y ejecutivo que no solamente tienes que encontrar; también debes tener la capacidad mental de saber y querer pagarlo. Y esto no lo tiene casi nadie. Creo que es una de las fallas más importantes que tienen los empresarios, sobre todo los de más de cincuenta años, que llevan años anclados en compañías sin crecimiento.

Para mí hay una lógica aplastante que he repetido varias veces: si un producto o una técnica comercial los vendes a veinte clientes, puedes vendérselos a 20 000, pero si no logras venderlos ni a cinco, no funcionan. Esto parece obvio, pero muchas veces el miedo a expandirse, a internacionalizarse, a perder el control diario o a gestionar a más empleados de los que puedes controlar limita la expansión empresarial. Creo que este representa un consejo crucial, quizás no de liderazgo, pero sí para directivos con experiencia.

Por último, entendí cómo piensan las multinacionales y aprendí a conectar con ellas, a manejar el idioma que hablan; y a atraerlas, a ellas, a sus recursos y a sus presupuestos millonarios, con proyectos que, aunque fueran inalcanzables por su tamaño y su falta de agilidad, se volvieran atractivos y alcanzables.

16. Mi cuerpo se vuelve contra mí. Espalda rota, angina de pecho y tromboembolismo pulmonar

Era finales de 2015. Cada semana viajaba a Córdoba, hacía mis guardias cada cinco días y daba algunas clases. Mientras tanto, Maite, que había trabajado como gestora de emergencias al teléfono en el 112, empezó a volcarse en nuestro proyecto común: montar una planta de envasado de bebidas.

Por un lado, estábamos en la empresa de Córdoba elaborando sangría y otros productos y, por otro, buscábamos una nave industrial y, sobre todo, la financiación necesaria para hacer posible nuestro proyecto, aunque en ese momento no tenía ni idea de cómo iba a conseguirla.

Yo llevaba varios años arrastrando una hernia discal que, si bien me causaba algunas molestias, me permitía trabajar y llevar una vida prácticamente normal. Como todo el que padece esta afección, sufría una o dos crisis al año, pero nada más. Siempre pensé que mi pasión por la montaña y la escalada, donde solía ser bastante bruto, me había acarreado este problema en la espalda.

Una tarde, mientras estaba haciendo tareas de jardinería con una azada, sentí un dolor muy fuerte en la espalda a la altura de las lumbares. Automáticamente creí que era lumbociática y me retiré poco a poco a mi habitación para tumbarme esperando que el dolor pasara en un par de días, como me había ocurrido en otras ocasiones. El dolor era tan intenso que me administré yo mismo un cóctel de antiinflamatorios, analgésicos y relajantes musculares para aliviarlo. Pude dormir algo, pero al día siguiente me desperté casi igual, así que decidí inyectarme otro cóctel para poder pasar el día más o menos. Sin embargo, por la noche el dolor se volvió inaguantable de nuevo, por lo que me administré un tercer cóctel, convencido de que era lumbociática o de que la hernia se había protrusionado un poco más.

Al día siguiente, cuando me fui a levantar, la pierna izquierda no respondía, era como que si no estuviera allí. Fue una de las sensaciones más terribles de mi vida; el fantasma de la parálisis apareció de repente. A pesar del dolor y de la situación, me arrastré hacia el coche y me dirigí a la clínica donde trabajaba una compañera. Llegué con dificultad, dejé la puerta del coche abierta y me recogieron. Quizás por vergüenza o por mi estado mental deteriorado, no llamé a una ambulancia.

Cuatro horas después me estaban operando de urgencia. Me abrieron la espalda y extrajeron trozos del disco entre la L4 y la L5 que se habían salido de la columna hacia el canal medular. Estos fragmentos estaban rozando las terminaciones nerviosas de la médula espinal, lo que me dejaba sin movilidad ni sensibilidad.

Fue una recuperación lenta, pero no tanto como esperaba. Recordaba cómo años antes, en el área del Montblanc, tuve una caída y me rompí todos los ligamentos de la rodilla. Al caer y girarse la rodilla al golpear, escuché un ruido interno, como si algo implosionara dentro del cuerpo. Es una sensación difícil de explicar, pero escuché y sentí tres crujidos: ¡¡chas, chas, chas!!

Lo primero que se me ocurrió fue cubrirme la rodilla de hielo. Después de 15 min, mi optimismo me dijo que podía levantarme. Sin embargo, al intentar poner el pie en el suelo, la pierna se dobló como si fuera de mantequilla y me precipité al suelo de nuevo. Me había partido el ligamento cruzado anterior y los colaterales internos de la rodilla derecha. Esa rehabilitación sí que dolió.

Pero vuelvo al tema de la espalda. Después de la operación, tuve que pasar varios días tumbado boca arriba y sin moverme. Poco a poco me fui recuperando y, a los dos meses, regresé a mi trabajo haciendo guardias. Aunque me sentía un poco limitado, especialmente para los rescates dentro de los coches o las maniobras de reanimación en el suelo, traté de que nadie se diera cuenta. No permitía que mi problema afectara a mis compañeros, y mucho menos a los pacientes.

Maite y Paco se encargaban del tema de la sangría mientras yo, desde la cama del hospital y luego desde casa, trazaba todo el plan estratégico y empresarial que debíamos seguir. Un par de meses más tarde, la presión era enorme. Hay momentos en la vida en los que te juegas el futuro, y no se trata de ser deshonesto, sino de que no todo el mundo tiene que saberlo todo.

Para que el proyecto funcionara, tenía que seguir manteniendo los pedidos del bodeguero desde la fábrica de Córdoba y, al mismo tiempo, planificar la creación de una fábrica nueva y propia, y todo esto sin que los gerentes de la compañía cordobesa se enteraran por completo, ya que podría sentarles mal que me fuera a ir cuando les estaba generando un buen negocio.

Entre la presión actual y todo lo que llevaba acarreado los últimos años, más los problemas de mi espalda y que cada día llevaba peor los esfuerzos físicos en el 061, sucedió otra cosa.

Un día empecé a sentir dolor en el pecho sobre las ocho de la tarde en casa. Al día siguiente tenía guardia, y pensé que era ansiedad. Primero, porque no podía creer que pudiera sufrir un infarto con cuarenta años y, segundo, porque normalmente, cuando te duele el pecho, lo último que consideras es que se trata de una angina o de un infarto. Lo curioso es que, si alguien conocía perfectamente la sintomatología de un infarto era yo, que había asistido a cientos de ellos.

Un infarto de miocardio es el resultado de la muerte de los vasos sanguíneos que nutren el músculo del corazón, normalmente por la oclusión de dichos vasos. Dicho de otra manera: se bloquean las tuberías que llevan la sangre al corazón, que, al bombearla, la reparte al resto del cuerpo. La presión con la que se bombea es lo que llamamos *tensión arterial*. Si esa oclusión es temporal y luego vuelve a haber riego sanguíneo, decimos que ha habido una *angina de pecho*. En este caso, el músculo sufre, pero no llega a morir esa parte del corazón porque recupera el riego.

Y allí me encontraba yo, tumbado en la cama, enumerando dichos síntomas en mi cabeza: dolor opresivo, retroesternal, irradiado al brazo izquierdo o al cuello, que se siente como una losa encima del pecho y que no se puede señalar con un dedo, es decir, es como un dolor envolvente. Tenía todos los síntomas, pero decidí que era una crisis de ansiedad, que estaba somatizando y que mi cuerpo me estaba jugando una mala pasada.

Aguanté el dolor toda la noche y me fui a hacer mi guardia. Para descartar cualquier problema, sin que se enterara mi compañero, me hice un electrocardiograma en la UVI móvil. Él abrió la puerta en ese momento y me encontró sin camiseta, lleno de cables, y me preguntó si me pasaba algo. Le dije que no, que «solo me gustaba ponerme cables por la mañana». Tiene narices.

Le conté lo que me había pasado y, al ver el electro, me llevó directamente al hospital. Me ingresaron y me practicaron un cateterismo. Afortunadamente, todo estaba limpio y no fue necesario ponerme *stents*. Había sido una angina vasoespástica, es decir, los vasos se habían cerrado realmente, pero por estrés y no porque estuvieran obstruidos. Aunque nunca he sentido lo que llaman *estrés* y pensaba que lo que hacía ahora era un camino de rosas comparado con épocas anteriores, claramente mi cuerpo no pensaba lo mismo.

Este episodio de la angina ocurrió, si mal no recuerdo, en la primavera de 2016. Me recuperé sin mayores complicaciones y, aproximadamente dos meses después, en junio de ese mismo año, fuimos a Nueva York a una feria de alimentación donde queríamos presentar los productos que queríamos comercializar.

Llevábamos dos o tres días en la feria y, cada vez que subía una escalera o hacía un esfuerzo más allá de lo normal, me sentía extremadamente cansado y experimentaba un dolor en la zona baja del pecho, como si proviniera del pulmón o de la región entre el pulmón y el abdomen. Estaba seguro de que no era un dolor de corazón, pero aun así llamé a un amigo médico y le expliqué lo que me estaba sucediendo. Su respuesta fue: «Curro, eso son gases». Aunque no me convenció del todo, me quedé algo más tranquilo.

Dos días después, cuando íbamos a coger el avión, me dijo la azafata que no me podía dar el asiento XL que con tanto esfuerzo había pagado para ese vuelto de nueve horas. Me enfadé bastante hasta que me di cuenta de que me estaba ofreciendo ir en clase *business*. Resulta que, debido a los puntos acumulados por Paco en todos los vuelos que hacía con su anterior empresa, podíamos viajar en una clase superior. Automáticamente, cambié de actitud y acepté el cambio de asiento. ¡Faltaría más! ¿Quién era yo para contradecirla?

Hice todo el viaje tumbadito. Era la primera vez que viajaba en clase *business*, y ya solo el hecho de que me ofrecieran de beber todo lo que quisiera y de contar con una atención preferente era una auténtica pasada. Sin embargo, el dolor en el pulmón persistía y, nada más aterrizar, me dirigí al hospital. Mi sorpresa fue que había tenido un tromboembolismo pulmonar y que, lo peor para esta dolencia pulmonar es precisamente estar tumbado muchas horas antes de tratarla. ¡Manda huevos! Otra vez.

El año que pasé fue duro y, como colofón, tuve que someterme a una operación de hemorroides. El dolor era tan horrible y desesperante que las primeras veces que fui al baño la sensación era como si me estuvieran metiendo un cuchillo afilado por vía rectal y lo movieran. No sé si soy lo suficientemente descriptivo en esto.

Llegó un momento en el que estuve a punto de ir a un curandero o a que me echaran las cartas. Estaba seguro de que alguien me había echado un mal de ojo. Empecé a ver como probables todas esas cosas de las que te ríes o creencias respecto a las que piensas que tienes un intelecto superior para tomarlas en serio y nunca crees que pueden afectarte. Porque no era normal que en un año hubiera tenido cuatro episodios hospitalarios de carácter grave o muy grave.

¿Qué aprendí?

Aprendí que la salud es lo más importante, y esto solo lo sabes cuando la pierdes. A pesar de haber pasado más de veinte años tratando con pacientes, no había interiorizado esta lección hasta vivirlo en carne propia y de una manera tan intensa.

Comprendí que hay que escuchar al propio cuerpo. Es sabio y, como el combustible, se desgasta con el uso y se deteriora con el mal uso. Es lo único que tenemos desde que nacemos y lo único que nos llevaremos al morir.

17. Cómo montar una fábrica de 5 millones sin dinero

Esta es una pregunta que me hacen mucho, porque, al final, un emprendedor no encuentra dificultad en su idea, sino en cómo llevarla a cabo. El problema principal es que este proyecto era de gran magnitud; no se trataba de un negocio que empieza de a poco y va creciendo, sino que estábamos hablando de unas instalaciones que costaban 5 millones de euros más o menos.

Lo primero que hay que hacer cuando acometes un proyecto de esta envergadura siendo un *jugador* pequeño es aprender muy bien cómo se hace. Obviamente no teníamos dinero ni para contratar una consultora que nos ayudara con ese documento tan extraño para mí que me pedía todo el mundo: el plan de negocio.

Yo no tenía ni idea de cómo hacer uno para conseguir financiación, y nadie me ayudaba, así que, al igual que cuando te gusta el bricolaje recurres a YouTube, yo hice lo mismo con este documento: me descargué varios tutoriales y muchos planes de negocio que habían sido, sobre todo, trabajos de final de máster de escuelas de negocio. Empecé a rellenar punto por punto: misión, visión, DAFO (debilidades, amenazas, fortalezas y oportunidades), estudio de la competencia, encuesta de producto, perfil de compradores y vendedores, estudio de marketing y producto, etc., para llegar al final a las tablas económicas de costes, compras y ventas y a la proyección a futuro.

Es muy gracioso que siempre te pidan proyecciones en un proyecto nuevo. Actualmente, ahora que valoro muchas empresas, es en lo que menos me fijo, porque el papel lo soporta todo, y el optimismo y la ilusión del principio son muy perjudiciales cuando estás frente a un papel que te dice cuánto vas a crecer, vender o ganar antes de comenzar. Lo importante de un emprendedor son su cara, su personalidad y después su idea.

Una empresa malagueña lanza al mercado aceite de oliva virgen extra en tetra pak

ALHAURÍN DE LA TORRE

Ly Company mira al mercado exterior y mantiene que este tipo de envase evita la oxidación producida por la luz y el aire

AGUSTÍN PELÁEZ
apelaez@diariosur.es

Su nombre es Ly Company y se dedica a la comercialización de aceite de oliva virgen extra y aceituna de mesa. Cuenta apenas con medio año de existencia y tiene detrás como gerente al que fuera director institucional de la empresa cordobesa ArteOliva, Francisco Rodríguez. Su apuesta es la exportación y aspira a cerrar su primer año de funcionamiento con un millón de euros.

Ly Company se ha estrenado en el mercado del aceite de oliva virgen extra con el lanzamiento de su marca Only en envase de Tetra Pak (Tetra Prisma® Aseptic) de un litro. La razón es que, según Rodríguez, este envase protege los alimentos de la oxidación producida por la luz y el aire, uno de los requisitos exigidos desde 2011 por la Agencia Europea de Seguridad Alimentaria (EFSA). Para el gerente de la firma, los aceites comercializados en envases de cristal o plástico terminan oxidándose rápidamente, en apenas seis meses. «En cambio, el tetra pak garantiza que el aceite mantenga sus propiedades saludables dos años», asegura.

Only, que ha sido presentado en la pasada edición de la feria internacional de alimentos y bebidas no alcohólicas de Dubái, Gulfood, está elaborado con una mezcla de aceites de las variedades picual, hojiblanca, arbequina y picudo.

«En Ly Company apostamos por la protección de los beneficios saludables de los productos que envasamos, basándonos en parámetros de calidad que aumentan la confianza del consumidor y retailers –el último eslabón del canal de distribución, el que está en contacto con el mercado–. Consumimos aceite de oliva por sus propiedades saludables, pero conviene saber que en el momento de consumo, muchas de esas propiedades se han perdido, ya que se trata de un alimento que se oxida fácilmente al estar en contacto con el aire y la luz. Con el envase de tetra pak cerramos el círculo de ofrecer un aceite de gran calidad en el envase que se merece», afirma Rodríguez.

Para el gerente de Ly Company, el tetra pak se presenta en un diseño gourmet que tiene como finalidad competir con los AOVE que se ofrecen en cristal y a un precio bastante competitivo. El envase de cartón Tetra Prisma Aseptic es un envase plegado con forma octagonal.

Only de un litro se encuentra ya disponible para su compra a través de la plataforma de Amazon y dentro de poco estará listo para su exportación también en Europa y EE UU, según Rodríguez. La empresa tiene previsto asistir este año a la feria Summer Fancy Food 2016 de Nueva York, en junio, y Sial Paris 2016, que se celebrará en octubre.

Francisco Rodríguez con el nuevo aceite Only en tetra pak. :: SUR

Primera nota de prensa de Ly Company.

Me encerré una semana en mi sótano, montamos dos mesas y una impresora de la antigua fábrica de pescado y ese espacio hizo a la vez de garaje y de oficina. Fue muy gracioso cuando *Diario Sur*, el principal periódico de Málaga, quiso realizar un reportaje sobre lo que estábamos haciendo y me pidió una foto. No sabía cómo mandarle una porque no teníamos nada aún, y la redactora me la había solicitado de forma urgente. Serían como las nueve de la noche; me puse una camisa y una chaqueta azul que tenía y me hice la foto en calzoncillos, aunque solo se me veía de cintura para arriba. Siempre me acuerdo de esa foto tan *decente* y me viene una sonrisa al recordar cómo empezamos. Esa fotografía significa muchas cosas: la primera vez que salía en un periódico como empresario, nuestras oficinas en el garaje de casa y nuestro primer producto en cartón (aceite de oliva), etc.

Y así pasé más de diez días trabajando en el plan de negocio, que conservo junto con el primer plano que hizo Paco. Años después encontré ese plano y se lo regalé enmarcado para su despacho. Fue literalmente una idea trazada en una servilleta que mostraba cómo serían las líneas de envasado.

Teniendo el plan de negocio, necesitábamos tres cosas fundamentales: la primera, las máquinas de envasado, que costaban aproximadamente 3.5 millones; la segunda, una nave industrial que albergara las maquinas, las oficinas, la zona de maquinaria auxiliar, los tanques de almacenamiento, la zona de proceso y el almacén de producto terminado, y la tercera, el dinero necesario para hacer la obra civil interna y comprar toda la maquinaria auxiliar que no era la propia línea de envasado (estanterías, despachos, etc.). Además, no solo teníamos que ser buenos, sino que debíamos parecerlo, ya que este proyecto implicaba vender un gran volumen de producto e íbamos a tener que recibir visitas de altos directivos de grandes compañías, cargos de interés público, etc.

Respecto a la maquinaria, resultó lo más fácil porque habíamos logrado convencer a Tetra Pak de que nuestro proyecto era ganador. Para tener un proyecto ganador, no es necesario inventar una idea nueva, aunque eso puede funcionar, sino tomar una existente y mejorarla.

Nuestra idea era envasar productos de gran consumo que ya se estaban envasando en plástico, pero en un formato con menos impacto ambiental. Si bien no existe ningún envase perfecto, la regulación sanitaria es tan estricta que hay que envasar con garantías microbiológicas y a una velocidad que te permita ser rentable. No existen materiales 100 % ecológicos, biológicos o como quieras llamarlos si quieres cumplir la reglamentación y ofrecer ese producto a millones de personas. A pesar de ello, creíamos que íbamos a generar un impacto medioambiental muy positivo.

En consecuencia, y después de muchas visitas a Madrid, donde nos quedábamos a dormir en casa de una amiga de Paco, buscábamos la combinación más barata. Acordamos con Tetra Pak que, si conseguíamos el resto de las cosas, nos proporcionaría la máquina, con reserva de dominio y una carencia de un año. Es decir, nos facilitaría una línea de envasado completa. Si he tenido un éxito en la vida desde luego ha sido convencer a una multinacional de que confiara en mí y me prestara 3.5 millones de euros, y sin pagar el IVA correspondiente en ese momento, ya que Tetra Pak nos hizo una factura de venta y nos permitió incluirlo en el pago a plazos después del año de carencia. Al año siguiente, cuando pedimos la devolución de ese IVA legalmente registrado y tras una inspección de Hacienda, nos devolvieron casi 600 000 €. ¡Ostras lo que ayudó después ese dineral!

Total, de los 5 millones de euros ya teníamos 3.5 más o menos. A eso había que sumarle que la instalación y la puesta en marcha mecánica costaban alrededor de 300 000 €, y también convencimos a Tetra Pak de que, ya que nos había dado el 90 %, no nos podía fallar en el 10 % restante. Aparte de lo que estaba haciendo por nosotros, yo seguía negociando como el Lazarillo de Tormes y, como si estuviera en un mercado comprando sardinas, trataba de sacar los mayores beneficios posibles. Pensaba que esa gente, acostumbrada a tratar con empresas del nivel de Coca Cola, Nestlé, Pascual, etc., tenía que estar alucinando con mi actitud, con que un *tieso* como yo les hablara tan de tú a tú y no me achantara por nada.

Conseguir una nave industrial fue más complicado. Tuvimos que recorrer cada inmueble ejecutado por un banco porque la única opción que teníamos era encontrar a alguien que confiara en nuestro proyecto y nos ofreciera una nave vacía mediante una fórmula de *leasing* inmobiliario. Esta fórmula implica que la nave sigue siendo propiedad del banco hasta que se paga la última cuota; si algo sale mal, este ejecuta la nave y para nosotros es como si hubiéramos estado alquilados. Aunque parecía una solución sencilla, al final un banco no solo requiere el aval de la propia nave, sino que también pide garantías adicionales, a veces incluso obligándote a comprometer todo lo que tienes, incluidas tu alma y tu sangre si es necesario.

Muchos *coaches* sin experiencia real dirán que nunca debes negociar en situación de desventaja o endeudarte repitiendo ideas populistas y sin sentido y demostrando su ignorancia sobre las verdaderas situaciones a las que se enfrentan los empresarios. Sin embargo, los que han tenido éxito saben de lo que hablan y destacan precisamente por eso. El éxito siempre ha de valorarse y admirarse, incluso cuando no se entienda completamente por qué alguien lo ha logrado.

En un par de meses habíamos visto todas las opciones posibles y encontramos una nave industrial en Alhaurín de la Torre que se podía adaptar a nuestras necesidades. Fue gracias a una directora de banco, una persona excepcional, que luchó como una leona para que nos aprobaran el *leasing* de esa nave de aproximadamente 900 m^2. Esto nos concedió el espacio suficiente para comenzar, además de ese año de carencia que tanto necesitábamos para poner en marcha nuestro proyecto.

Se trataba de una verdadera apuesta sin certeza de cómo resultaría. La única ventaja de estar *tieso* es que no hay más hacia abajo a donde ir; si no pagábamos, nuestra situación no cambiaría mucho. En España, el proteccionismo asegura que ser insolvente no te convierte en delincuente; al menos contábamos con esa protección.

La nave estaba completamente diáfana y vacía, lo que representaba un problema ya que teníamos que panelarla y acondicionarla para su uso alimentario. Precisábamos instalar suministros de luz, aire comprimido, agua, desagües en el suelo, maquinaria de proceso de llenado, como compresores, calderas de vapor, ósmosis, tres tanques de 60 000 l, sistemas contraincendios, un laboratorio, oficinas, estanterías de almacén, vestuarios, zona de carga y descarga de cisternas y camiones, bombas de todo tipo para trasvases y descargas, filtradores y la calderería, es decir, todo el enjambre de tuberías soldadas a medida de todos los aparatos. Por supuesto, todo debía contar con válvulas y llaves de cierre manuales, ya que no teníamos presupuesto para las automáticas.

Todo esto que he descrito suponía un coste de alrededor de 350 000 €. Es decir, de la millonada de proyecto ya teníamos un 95 % cubierto: la maquinaria de envasado, que era una línea completa Tetra Pak con cinco máquinas, dos llenadoras (una de 500 ml y otra de 1000 ml), un acumulador, un taponador y una encartonadora. Esta línea medía unos 35 × 4 m. También habíamos conseguido la nave industrial; lo más complicado fue lograr ese 5 % restante de la financiación que requeríamos. Esos 350 000 € nos llevaron todo un verano, unos cuatro meses, llenos de oportunistas y de personas que venían a aprovecharse, porque la imagen exterior era la de unos empresarios que iban a montar una industria de 5 millones de euros y, aunque esto era cierto, estábamos muy lejos de la imagen de empresarios con dinero o inversores que trasladábamos.

Pasaban los meses y cada día visitábamos sucursales de bancos, inversores, fondos, *business angels*, etc. Donde podía haber 1 €, ahí estábamos. Incluso encontramos a un tipo que afirmaba haber inventado la feria del centro de Málaga y la rosada, un pescado muy apreciado en la región. El desgaste era inmenso y la desazón se apoderaba de mí. No sabía si era peor no conseguir nada o estar en nuestra situación: habíamos logrado más de 4.5 millones de euros de inversión, pero el tramo final parecía imposible.

Mi historial en los bancos era un desastre; debía hasta callarme. Nadie nos dio nada ni confió en nosotros ni en nuestro proyecto salvo esa directora de banco y Tetra Pak, si bien ninguno perdía tampoco nada. A pesar de ello, hay que apreciar el apoyo, porque al final es una apuesta, y quien apuesta por ti merece tu respeto, lealtad y reconocimiento indefinidos. La vida da muchas vueltas. Recientemente vi a esa directora de banco, ahora en un puesto superior, y le llevé clientela. ¿A quién mejor?

Es curioso lo de los bancos. Me he pasado la vida pidiéndoles y rogándoles, perdiendo noches de sueño y sueños por miedo a cómo me iban a ejecutar, embargar o algo peor. Ahora parecen ser mis mejores amigos, simpáticos, y vienen a mi oficina porque, mientras pueda, yo no iré a ninguna sucursal. Es como mi pequeña y tonta venganza: ahora que soy un buen cliente, que vengan ellos a mí.

Es de justicia decir y entender que los bancos son empresas, no tus amigos, y nunca lo serán. Tampoco son tus socios, pero pueden ser los mejores colaboradores si cumples con ellos. Un banco siempre te dirá cuánto dinero te va a pedir, cómo y cuándo y las consecuencias de no cumplir. No podemos decir que nos engañaran nunca, y eso los convierte en los mejores colaboradores o financiadores, mucho mejor que cualquier socio. Ahora bien, si les fallas, no esperes clemencia, humanidad ni entendimiento. Ejecutan lo escrito asépticamente y listo. No tienen alma ni la tendrán. Con las cosas claras... adelante.

Continuando con la búsqueda de estos 350 000 €, después de meses nos dijeron que las compañías energéticas involucradas en proyectos industriales financiaban inversiones necesarias siempre que tuvieran una relación directa con la energía renovable. Es decir, si necesitabas instalar aerotermia, placas solares, calderas, tuberías, compresores, etc., vinculaban esa financiación al recibo de la electricidad y cubrían esos costes. Compañías como Endesa, Iberdrola o Naturgy (antigua Gas Natural Fenosa) ofrecían este tipo de financiación, así que, con nuestro plan de negocio en mano, nos dirigimos nuevamente a Madrid y a Barcelona para reunirnos con todas las energéticas que nos habían recomendado.

Pero tras reunimos con todas nos enfrentamos al problema de que solo el 50 % de lo que necesitábamos correspondía a recursos industriales; los otros gastos, como las oficinas, el panelado y el laboratorio, no estaban incluidos en las financiaciones que ofrecían.

La agonía era casi insoportable porque, aunque teníamos el 98-99 % de la inversión, el tramo final parecía imposible de alcanzar. Realmente necesitábamos todo el dinero; de nada servía haber conseguido 4.9 millones si nos faltaban los últimos 100 000 €, que para nosotros suponían una barbaridad. Sin embargo, nuestra pasión traspasaba todas las barreras y aprovechamos que este tipo de planes de las energéticas estaba ganando relevancia en esos meses como una nueva estrategia comercial para ellas. Y nuestro proyecto en el sur de España prometía ser muy relevante, como así se ha demostrado.

Una de estas empresas con sede en Barcelona se enamoró del proyecto, y también, creo, de nuestra convicción. Le enviamos cartas de intenciones de Tetra Pak y organizamos reuniones de todo tipo. Finalmente, bajaron a Málaga para que les explicáramos todo en detalle.

Y poco a poco, y gracias a un catalán en concreto, fuimos avanzando firma tras firma en la compañía energética. Recuerdo claramente cómo una tarde, sentado en la mesa de mi garaje, esperaba minuto a minuto la última firma. Nuestro proyecto y la financiación que solicitábamos no se ajustaban a ningún estándar de las reglas financieras que valoraban, ya que nos debían aprobar no solo la parte industrial, sino también cosas como las sillas de las oficinas.

Y se aprobó. Fue una de las mejores tardes de mi vida. Lo habíamos logrado, teníamos todo, el 100 % de lo que nos hacía falta. Fue como esa sensación antes de saber la nota de un examen, si te dan un trabajo o no o de aparecer en una lista importante para ti, pero a lo bestia. Fueron más de seis u ocho meses de agonía y sufrimiento, con mil reuniones y muchos aprendizajes, pero al final logramos que mi barcelonés favorito, un independentista redomado, se enamorara del proyecto y luchara por él con sus jefes. Conseguimos que incluyeran todo en el saco de *industrial*, y creo que los jefes nunca supieron que se estaban comprando sillas y lavabos con esa financiación. Espero que haya prescrito, je je je. Siempre adoraré a ese *indepe*.

Ahora bien, me sacaron el alma y yo la vendí, porque por esos 350 000 € a doce años, que cumplen en 2028, vamos a terminar pagando 870 000 €. Pero bendito interés porque posibilitó hacer el proyecto.

Un par de años después tuvimos que refinanciarnos de nuevo y vendimos un 20 % de la compañía a los únicos que confiaron en nosotros. Ahora, con perspectiva, me doy cuenta de lo barato que compraron y por cuánto podrían venderlo en estos momentos; calculo que por unas diez veces más. Pero, como mencioné antes, no me importa no tener esos millones que vale ahora ese 20 % porque, si no hubiera sido por ellos, no habríamos llegado hasta aquí. Les agradezco y espero que ganen mucho por esa apuesta que hicieron cuando nadie más nos quería.

En esta vida hay que ser agradecido con quien te ayuda cuando nadie quiere hacerlo. Es muy fácil ayudar cuando se tiene la certeza de que se recuperará lo invertido o se dispone de grandes recursos. Sin embargo, la verdadera ayuda proviene de quienes arriesgan contigo sabiendo que puede suponer un gran perjuicio para ellos. Es en esos momentos cuando el valor de su apoyo se vuelve realmente significativo.

La vida está llena de apuestas y decisiones desde el momento en que te levantas; todo es una negociación constante. Y, al final, la experiencia te enseña en qué batallas hay que luchar y en cuáles no.

Invitación para la inauguración de la fábrica de Alhaurín de la Torre, Málaga.

¿Qué aprendí?

Aprendí a hacer un plan de negocio, y comprendí que lo más importante es que lo hagas tú mismo: te pueden asesorar, pero no recomiendo que te lo hagan terceras personas.

Aprendí a mantener reuniones de alto nivel y a entender la importancia de los tiempos en las negociaciones. «Si tienes prisa, vístete despacio»; en los negocios de alto nivel, esta máxima se cumple siempre. Aunque no estés acostumbrado a este ritmo, debes aprender a seguirlo.

También aprendí la importancia de creer en firme en el proyecto. Primero has de creer en él para poder transmitirlo a los demás. Los proyectos se comunican a través de la pasión y el entusiasmo o, mejor dicho, son la pasión y el entusiasmo los que hacen que tu proyecto se transmita. Si no los tienes ni posees un conocimiento total de todo lo que abarca tu proyecto, no podrás comunicarlo eficazmente.

Por último, aprendí qué puedes esperar y qué no de los bancos. No vale la pena enfadarse porque alguien actúe según su naturaleza; es como pedirle a una serpiente que no te muerda y luego enojarte porque lo hizo. No tiene lógica.

18. La noche que ganamos 32 millones de euros

La construcción y el acondicionamiento duraron ocho meses aproximadamente. Una vez conseguida la financiación, quedaba solo una tarea diaria de obras, instalación de la maquinaria, entrevistas para contratar a los primeros trabajadores, puesta en marcha, etc.

Quiero destacar el esfuerzo del equipo con el que empezamos, seis personas muy motivadas que sabían que iniciábamos un proyecto sin dinero, pero con una gran perspectiva. Ninguno cobramos nada durante muchísimo tiempo y, en mi caso, aún más. Se trataba de seis personas que se encargaban de envasar, cargar camiones y realizar el trabajo de calidad, logística, administración, técnico y comercial.

Paralelamente seguíamos envasando sangría en Córdoba, asistiendo a ferias de alimentación, etc. Fue en una de estas ferias donde en una sola noche ganamos 40 millones de euros. La feria no tenía desperdicio de principio a fin. Prepárate para reír.

Cada año en febrero se celebra Gulfood en Dubái, una de las ferias de alimentación más importantes del mundo. En ese momento habíamos comenzado a envasar aceite de oliva, uno de los productos más exportados desde España, así que tenía mucho sentido asistir.

De principio a fin todo fue muy distinto a lo que es hoy o a lo que las empresas internacionales están acostumbradas. Para empezar, no teníamos dinero, pero logramos un estand patrocinado por el organismo de la comunidad andaluza, Extenda, y solo tuvimos que conseguir unos 2000 €.

El viaje y el alojamiento nos lo pagó en un 80 % Tetra Pak como detalle comercial, ya que íbamos a patrocinar el aceite de oliva en cartón. En ese momento Gulfood Dubái era una feria muy profesional y pensamos en ir con traje. Yo solo tenía uno, el mismo que usé cuando me casé en 2000, y mi socio Paco no tenía ninguno. Él es un armario ropero, mide 1.96 m y digamos que es *de hueso ancho y digestión lenta*, en definitiva, un tipo muy grande. Solamente encontró un traje de su talla, y era de lana gruesa. En Málaga, cuando se lo probó a principios de febrero, no estaba mal, pero cuando llegamos a Dubái el calor era tremendo.

La primera mañana de la feria salimos del hotel, que estaba al otro lado del río, en una zona de Dubái conocida por ser el hogar de la población más humilde, principalmente integrada por pakistaníes. Hacía unos 35º y tuvimos que caminar unos 500 m bajo el sol para llegar al metro. El pobre Paco sudaba a mares y le dije que se quitara la chaqueta, pero, cuando lo hizo, su camisa celeste había pasado a ser azul marino, así que rápidamente le espeté: «¡Póntela, póntela!».

El metro estaba abarrotado, no cabía un alfiler, pero vimos que el primer vagón se encontraba casi vacío. Corrimos hacia él, entramos y disfrutamos del aire acondicionado. No entendíamos por qué la gente se apretaba en los otros vagones mientras el nuestro estaba casi vacío, solo con un par de señoras con nicab y otras con hiyab. Al minuto empezaron a mirarnos mal y una incluso comenzó a insultarnos. Nos dimos cuenta de que habíamos entrado en un vagón exclusivo para mujeres. Olé.

La feria en sí fue bien. Tuvimos numerosas visitas y nuestro producto captó mucho interés. Sin embargo, las ferias son agotadoras, y la de Dubái en particular, porque se trata de cinco días sin apenas sentarse y con un horario de diez horas, además del tiempo de entrada y salida.

La tercera mañana al despertar me encontré a Paco sentado en la cama —estuvimos unos años durmiendo juntos en los hoteles— con la cabeza agachada entre las manos. Preocupado, le pregunté:

—Paco, ¿qué te pasa, macho? ¿Estás bien?

—Curro, tío, es que los pies me duelen igual que anoche. He dormido y no se me ha ido nada el dolor, y nos quedan 12 h de pie.

Yo no me podía reír más. Además, esa noche hasta creyó que quería tener sexo con él. Y es que Paco y yo tenemos el sueño opuesto, es decir, él se duerme tarde y yo muy pronto, con lo que, cuando dormimos en camas unidas, como era el caso, porque la habitación era muy pequeña, él se queda con el mando en su mesita de noche. A mí me gusta ver un poco la TV por la mañana, así que, cuando me desperté a las cinco o seis y vi que el mando estaba en su mesilla, intenté cogerlo sin despertarlo. Creía que podría alcanzarlo sin tener que levantarme y rodear la cama, simplemente pasando la mano por encima de él, pero claro, Paco es muy grande. Como hacía mucho calor, dormíamos sin manta. Intenté alzarme y avanzar la mano hacia su mesilla, pero no llegaba, por lo que levanté la pierna y procuré pasarla por encima de él para llegar a su mesilla. Imagínate la imagen: él dormido bocarriba, yo encima, con una pierna y mi cuerpo en suspensión, como si estuviera a horcajadas, y moviéndome muy lentamente para no despertarlo y llegar al mando. Perdí un poco el equilibrio y caí un poco encima de él. ¡¡Su cara no la puedo describir!! Él, que estaba plácidamente dormido, se despertó y me encontró encima a horcajadas. Y en ese momento me soltó a gritos: «¿Qué haces?, ¿qué haces?, ¿qué haces? ¡Joder!». Y yo le contesté: «¿Pues qué crees? ¡Coger el mando, merluzo, no te hagas ilusiones!».

Viví mil anécdotas con mi Paquito. Afrontamos la feria con buena actitud y mucho dolor de pies.

Un día un señor se detuvo en nuestro estand y se fijó en uno de nuestros productos. Unos meses antes habíamos conocido a una familia maravillosa que tenía una fábrica de aceitunas *gourmet*. Hacía aceitunas gordales con pimientos, queso, higos, dátiles, etc., y decidimos llevar sus productos a la feria porque en Oriente Medio se vende mucha aceituna. Para esta ocasión, nos prepararon unos tarritos muy llamativos con copos de oro de 24 quilates: al mover los tarritos, se veía todo el oro flotando con las aceitunas.

Este señor, como he dicho, se interesó por las aceitunas. Nos dijo que era el secretario de un jeque (*sheikh*) de Dubái y además el representante de la marca Versace en Emiratos Árabes. Quería hacer un aceite de oliva personalizado con la marca Versace para colocarlo junto con las aceitunas en todos sus hoteles y edificios como regalo de bienvenida. Al parecer, contaba con más de ocho mil habitaciones entre todos sus hoteles.

Al rato volvió a nuestro estand, nos dijo que su jefe quería cenar con nosotros y nos citó en el restaurante del Hotel Armani, ubicado en los bajos del Burj Khalifa, uno de los edificios más icónicos y el más alto del mundo. Le dije a Paco que, obviamente, daba igual que nos lleváramos las carteras porque no íbamos a poder pagar esa cena y, si nos viéramos obligados a hacerlo, preferiríamos que nos detuvieran; así estábamos.

El transcurso de la cena fue bien. Los árabes —en eso sí tenía mucha experiencia— dan mil rodeos antes de atacar el tema fundamental, pues necesitan conocer y confiar un poco en la persona: antes de cerrar un negocio, es importante para ellos saber con quiénes lo hacen. Y en eso Paco y yo éramos unos *cracks*. Si algo tenemos, es empatía y simpatía; hasta contábamos chistes españoles en inglés.

Al final de la cena, el jeque nos dijo que el producto le gustaba mucho y que quería hacer los tarritos de aceitunas con la marca Versace. En ese momento, el secretario sacó un iPad y se lo ofreció. El jeque, con sus ropas blancas típicas y su kufiya, abrió la calculadora.

Nos preguntó cuántos tarritos de aceitunas con oro cabían en una caja. No recuerdo el número exacto, pero un palé contendría unos 10 000 tarritos. Yo me puse chulo y le propuse pagar un palé, si podía, porque le saldría más barato. Obviamente, un *tieso* como yo no debería haberse puesto chulo con un jeque multimillonario que cada día y cada hora lo es más y más.

Él comenzó a hacer cálculos de habitaciones, regalos de bienvenida y todos sus negocios y hoteles mientras nosotros manteníamos el rictus. Después de unos 10 min hablando en árabe con su secretario, nos preguntó cuántas unidades cabían en un contenedor. Desencajado pero incrédulo, le dije que un contenedor puede llevar 25 palés europeos, es decir, 250 000 unidades. Pasaron otros varios minutos y nos preguntó si teníamos capacidad para producir un contenedor al mes, ya que, si ponía un tarrito de cortesía cada día en cada habitación, necesitaría un contenedor mensual.

Yo no sabía qué cara poner; no podía creer lo que estaba a punto de pasar, y solo pensaba en cómo muchos negocios en el mundo se hacen así, estando en el lugar adecuado, con la persona adecuada y con la actitud adecuada. Después de hacer sus cuentas, el jeque nos dijo, con una seriedad temible, que había probado las aceitunas y le encantaban tanto por el sabor como por el toque de oro, que era un gancho inusual. Únicamente exigió exclusividad en Oriente Medio para las aceitunas con oro. La exclusividad me daba igual; iba a decir que sí a todo. Mi mente iba a mil por hora: no sabía si la fábrica de aceitunas podría cumplir ese pedido ni era capaz de calcular lo que realmente significaba este trato, pero me daba igual.

Llegó el momento de hablar del precio. Le dije que cada tarrito costaba 15 €. Fue una de las mejores sensaciones de mi vida cuando me contestó que le parecía bien. Se puso otra vez a hacer cálculos, se levantó después de unos minutos, se despidió muy educadamente y, dándome la mano, me dijo: «Deal». Nunca olvidaré esa palabra. Ese *deal* sellaba un trato que, honestamente, no sabía si podríamos cumplir, pero llenó mi cabeza de ilusión, ansiedad, estrés e incredulidad. Era como llorar de alegría por todo lo que habíamos pasado.

El secretario nos dijo que al día siguiente pasaría por el estand para darnos los detalles. Antes de irnos, tuvimos una sensación extraña porque nunca supimos quién pago la cuenta; imaginamos que ellos, obviamente, porque nosotros decidimos hacernos los despistados y nos largamos de allí. Igual nos están buscando todavía...

Ya entrada la noche, alrededor de las once o doce, caminando de regreso al hotel, algo me rumiaba la cabeza. Como nunca he tenido buena memoria, empecé a sentirme cada vez más apesadumbrado, pero no le dije nada a Paco. Sin embargo, cuando llegamos a la habitación, no pude aguantar más y le confesé lo que tenía dentro:

—¿Qué te está barruntando la cabeza, que te conozco? —dijo Paco.

—Nada, tío, que le he dicho 15 €/unidad, pero solo tengo en la cabeza que 15 € es a lo que me dijo Juan (el fabricante de las aceitunas) que nos la ponía a nosotros. Creo que la he cagado, y no vamos a ganar nada —contesté.

—No jodas. A ver, vamos a hacer números —dijo Paco, y se puso a calcular que 250 000 tarritos por once contenedores (estábamos a primeros de febrero y el contrato era anual) eran 2.75 millones de tarritos, y por 15 €, 41.25 millones de euros. Me miró y me soltó:

—A ver, ¿vamos a facturar 41 millones y no vamos a ganar nada?

—No te preocupes, porque yo a Juan le tengo que sacar al menos 1 €, y el árabe creo que podrá pagar 1 € más. Dijo que le parecía barato—esgrimí yo, acojonado pero con la confianza de que podría sacar esos 2 €, lo que podría suponer más de 5 millones para nosotros. Y para mí eso era más dinero del que hubiera soñado jamás.

No podía aguantar más y sabía que no iba a dormir, así que, aprovechando que en España eran algunas horas menos, decidí llamar a Juan y contarle lo que nos había pasado. Le dije que nos tenía que dar 1 € como fuera. Y ahora viene lo bueno:

—¿Juan? ¿Estás dormido? —le pregunté, y le conté la cantidad de tarritos que querían, pero aún no le dije nada sobre el precio.

—No, Curro, dime. ¿No estáis en Dubái?

—A ver, Juan, por tu madre, tienes que ver cómo lo haces, pero me tienes que bajar 1 € como sea el precio de las aceitunas porque si no el negocio no saldrá —le dije yo muy serio.

—Curro, lo siento. Por la cantidad de tarritos, como mucho podríamos conseguir que el proveedor nos bajara el precio y ajustara el trabajo en la fábrica para reducir el coste en 0.5 €, pero entiende que es un tarrito de cristal y, aunque lleve poco, se trata de oro de 24 quilates y de una mano de obra artesanal. No creo que podamos bajar de 3.5 €. Yo te lo dejé en 4 €/tarrito —me soltó Juan mientras casi me daba un infarto.

Colgué y miré a Paco, quien me miraba ansiosamente, gesticulando con las manos para saber qué pasaba. Yo no sabía qué decirle porque tenía que calcular lo que acababa de escuchar.

—Paco, espera, coño, espera un segundo —le decía mientras intentaba hacer las cuentas, pero mis dedos temblaban como nunca antes.

—¡Pacooo! ¡Pacooo! ¡¡¡Hemos ganado 32 millones de euros!!! ¡Que trabajen otros!

Fue la sensación más impresionante que he vivido en el ámbito empresarial, no tanto por la magnitud del negocio, sino por la forma en la que sucedió, por nuestro pasado y por todo lo que habíamos atravesado. Sentí que, por una vez, la vida nos estaba sonriendo a lo grande.

Esa noche no pude dormir. A la mañana siguiente, ya tenía preparadas las tablas de costes, un DAFO logístico y otro financiero. Íbamos a ganar casi 3 millones de euros limpios al mes por contenedor. No sabía ni cuánto dinero era eso ni que hacer ese tipo de pedidos necesita un fondo de tesorería que no teníamos, pero esos problemas siempre me han parecido secundarios. Con ese margen, puedes convencer a mucha gente de que te apoye y te los resuelva.

Ahora que me dedico a estructurar financieramente este tipo de negocios, me parece muy sencillo, pero en aquel momento podría haber sido un problema. Volvimos a la feria esperando al secretario todo el día, pero no se presentó. Seguimos trabajando en la operación. Con los árabes hay un dicho que se me quedó grabado en Marruecos: «Tú tienes el reloj y ellos tienen el tiempo», así que no le di mucha importancia.

El tiempo pasaba lento, pero llegamos al día siguiente. Digamos que la feria, el aceite y todo lo que nos rodeaba pasó a un segundo plano de interés y solo mirábamos hacia el pasillo para ver cuándo venía el tipo.

Y apareció. Como se dice en Andalucía, estábamos «más nerviosos que cagando sin pestillo en un bar», pero no fueron buenas noticias: sentía haber tardado un día más de lo previsto, pero habían tenido una reunión con los responsables de Versace y le habían explicado que la marca no se podía usar para productos alimenticios. Le respondí que no pasaba nada, que podíamos ponerle el nombre del hotel, del hijo del jeque o de su santa madre, pero que algo había que hacer. Incluso ya sabiendo lo que sabía, le ofrecí una rebaja por usar una marca menos conocida.

Sin embargo, los megamillonarios son así: no hacen las cosas por dinero, sino por pasión o capricho. A este lo que le motivaba era ver el nombre de Versace en las aceitunas con oro; el resto le daba igual. Y se fue...

Siempre nos quedará que ganamos 32 millones de euros... durante un día y medio.

Feria Gulfood en Dubái.

¿Qué aprendí?

Aprendí que en cualquier momento tienes una oportunidad que te cambia la vida, y que las oportunidades llegan todos los días. Como ya he comentado antes, el tren no pasa una vez, sino muchas; el problema no es el tren, sino que tú estés en la estación.

Aprecié y aprendí lo bonito de compartir experiencias nuevas con un alma gemela como mi socio Paco. Con el tiempo, comprendí que no hubiéramos estado preparados para un salto tan grande si finalmente se hubiera concretado. Hubiéramos tenido que establecer formas de pago por adelantado que seguramente no habríamos podido conseguir. Con mis antecedentes recientes, era improbable que los bancos siquiera nos hubieran escuchado. El flujo de tesorería necesario para comprar, producir, embarcar y esperar el tiempo adecuado habría sido imposible de manejar.

Pero aprendí a conservar la sonrisa cada vez que me acuerdo de ese viaje y a pensar que, si esa vez estuvo a punto, podíamos provocar más situaciones similares en el futuro.

Con Paco hice decenas de viajes vendiendo, asistiendo a ferias de alimentación... subvencionadas. Fuimos a todas partes. Una noche terminé cantando flamenco en un bar de Japón, en Osaka, donde ni siquiera cabíamos por nuestra altura. Nos pasó de todo, pero siempre lo afrontamos con una sonrisa. En ese viaje a Japón, estuvimos una semana sin ver templos, hacer turismo ni ver el sol. Llegábamos a la feria el lunes por la mañana y salíamos de noche; únicamente tuvimos libre el sábado siguiente, así que alquilamos una excursión en autobús para visitar todos los templos de Kioto. Íbamos a un ritmo frenético y, en uno de los templos, nos entró sed. Veíamos continuamente unas pilas de agua con un cazo de madera de asa larga a la entrada y pensamos que eran para beber, y nos hartamos de agua. Luego descubrimos que eran para lavarse los pies. En fin...

19. Ly Company y el agua

Entramos en el mundo de la venta de agua envasada casi por casualidad. Cuando Tetra Pak nos propuso poner una fábrica para envasar distintos tipos de productos que en esos momentos no se vendían, anticipó que lo haría en un futuro, así que instalamos un sistema de agua. Nunca imaginamos la dimensión que alcanzaría.

Al principio empezamos en nuestra fábrica envasando sangría para el cliente que ya teníamos e intentando potenciar el aceite de oliva envasado en cartón como nuestro producto estrella. Hicimos todo el marketing de producto necesario: página web, catálogos, presentaciones, etc. Sin embargo, tras asistir a ferias en Dubái, Nueva York y Ámsterdam y hacer numerosas prospecciones de clientes, nos dimos cuenta de una ley inmutable en el comercio y el marketing: «Si cuentas con un producto muy bueno pero el consumidor no tiene la sensación de que lo es, tu producto es una mierda».

Y esto era así: el aceite de oliva está objetivamente mejor conservado en un envase aséptico, sin oxígeno, con una atmósfera modificada en nitrógeno y sin exposición a la luz, con lo que mantiene todas sus vitaminas y propiedades saludables. Pero se trata de un producto *premium*, caro, y, como el vino, tiene una liturgia que data de muchos años. El consumidor no se adaptaba a tenerlo en un envase de cartón, y aunque este ofrecía ventajas significativas, la percepción del consumidor no cambió. Por eso el aceite no funcionaba, y la sangría no daba el volumen necesario para alcanzar un punto de equilibrio empresarial que nos permitiera cubrir los costes; necesitábamos un producto de volumen.

Maite, Paco y yo apostamos por el agua, ya que Paco era un ingeniero especializado en el tratamiento de aguas y durante toda su vida había estado vinculado al sector. Al principio nuestra idea era traer agua mineral en cisternas y envasarla, pero la calidad del agua no era la deseada y sus costes hacían el proyecto inviable. Además, en el momento en el que el agua se transporta, pierde su condición de «agua mineral natural», por lo que, al estudiar el modelo de negocio, encontramos muchas debilidades.

Los tres socios, en nuestra ignorancia sobre la venta de agua envasada del agua, quisimos hacer, y creo que lo logramos, la mejor del mercado. Con la mente brillante de Paco y su experiencia demoledora el sistema parecía sencillo: había que purificar cualquier agua (eliminar las impurezas que poseen, en proporciones legales, otros tipos de agua), fuera de manantial o de abastecimiento público, y, después de transformarla en H_2O, pasarla a unos determinados caudal y velocidad por unas campanas de minerales que Paco había estudiado y elegido previamente para que esa agua pura absorbiera de forma natural los minerales seleccionados. Además, podíamos mantener un pH equilibrado y ligeramente alcalino, lo que daba como resultado un producto excelente. El problema radicaba en que, al envasar el agua en cartón, este se llevaba todo el protagonismo de la imagen del producto.

Pasaron casi tres años hasta que conseguimos que nuestros clientes nos empezaran a comprar, no solo por el envase sostenible, de cartón, sino por la calidad inigualable de nuestra agua.

Nuestra primera dificultad resultó precisamente el precio. El agua es el producto alimenticio más vendido del mundo y el que más crece prácticamente en todos los países, con un aumento anual del 5-8 %. Esto se debe a que cada vez hay menos agua potable accesible, especialmente en países latinoamericanos. En los países más industrializados, las líneas de conducción del agua potable están muy contaminadas y requieren grandes cantidades de cloro para hacer el agua potable, lo que disminuye su calidad. Por estas razones, las ventas de agua envasada siguen elevándose en todos los países. Además, el estilo de vida *on the go* se ha impuesto de tal manera que hace que estemos consumiendo botellas continuamente para llevarlas de un sitio a otro o para hacer deporte.

Sucedió otra cosa: como no sentíamos especial querencia (o abogábamos) por una marca propia ni teníamos las presiones de pertenecer al *lobby* de envasadores de agua, pudimos enfocarnos en valores de sostenibilidad, solidaridad y agua *premium* y ofrecer a nuestros clientes la posibilidad de personalizar los envases con su imagen corporativa. Si hay algo que añaden los envases de cartón respecto a las botellas de agua, es su capacidad de comunicación y el amplio panel informativo que ofrece un tetrabrik. Esta fue la base del éxito de nuestro negocio: otorgar a nuestros clientes la capacidad de asociarse a los términos *sostenible* y *compromiso medioambiental* en un momento en el que el plástico estaba siendo demonizado. De esta forma, les ofrecíamos un producto que mostraba visiblemente sus bondades en todos los eventos deportivos, mesas y habitaciones de hotel.

Empezamos a vender poco a poco y, con el tiempo, las cadenas hoteleras se convirtieron en uno de nuestros nichos de negocio. Una vez que logramos entrar en una, se produjo un efecto dominó, ya que otras cadenas también querían sustituir las botellas de cortesía de plástico por nuestros envases.

Fueron meses con bastante actividad, aunque seguíamos siendo seis personas en el equipo. Estamos hablando de principios de 2018, cuando ya producíamos un poco de aceite, unos 50 000 l de sangría cada dos o tres meses y cada vez más agua.

No obstante, toda esa actividad, que parecía mucha para seis personas y que iba en crecimiento, no hacía más que aumentar nuestra deuda: éramos incapaces de empezar a pagar la maquinaria y, por supuesto, todavía no teníamos salario. No llegábamos a facturar lo necesario para cubrir los costes fijos.

En las ponencias que doy, suelo finalizar destacando la pasión que implica para un emprendedor pasar del círculo vicioso al círculo virtuoso. La sensación del círculo vicioso es esa en la que no te puede ir bien porque vas encadenando la incapacidad para pagar a buenos profesionales, buenas campañas de marketing, buenas infraestructuras y buenos programas de gestión. En definitiva, el hecho de no generar dinero hace que tengas una estructura que no atrae clientes, que resultan muy difíciles de conseguir cuando mantienes una estructura que se va consumiendo por sí sola, sin permitirte avanzar.

Pero en cierto momento en la vida de todo empresario apasionado, esforzado, optimista y con talento inevitablemente llega una negociación o un cliente que transforman el círculo vicioso en virtuoso. En una empresa el círculo virtuoso puede ser una operación comercial que permita generar una caja suficiente para invertir en más infraestructura y contratar a más personal con talento, lo que, a su vez, atraerá a más clientes, quienes llevarán a otros de mayor calidad y envergadura, con los que aumentarán las ventas, lo que producirá una mayor caja que posibilitará acceder a servicios de mayor calidad, incrementando así la facturación y el valor de la compañía.

Este momento nos llegó en octubre de 2018. Previamente, en marzo, una gran empresa de vehículos de transporte con conductor (VTC) se había puesto en contacto con nosotros para que le suministráramos diez millones de envases para todos sus viajes. Esto representaba una oportunidad enorme para nosotros y, por supuesto, el paso del círculo vicioso al virtuoso. Sin embargo, como era nuestra tónica habitual, nos enfrentábamos a un problema: necesitábamos otra línea de producción de 2.5 millones de euros para cumplir ese contrato, y aún no habíamos empezado a pagar la anterior.

¿Cómo íbamos a pedirle de nuevo a nuestro proveedor que nos diera otra línea de maquinaria cuando debíamos la primera? En este caso, negociamos a tres bandas: el proveedor, nosotros y el cliente. De esta forma, logramos que el proveedor participara directamente en las negociaciones del contrato, asegurando así su validez y convirtiéndolo en un actor clave en el proceso.

Pero estábamos repitiendo lo que había pasado dos años antes: teníamos casi todo lo necesario, pero nos faltaban de nuevo otros 300 000 €, suma esencial para ampliar nuestras instalaciones a otra nave industrial contigua y hacer las adaptaciones pertinentes de obra civil y adecuación para la línea.

No sé si estábamos mejor o peor que cuando conseguimos construir nuestra fábrica: en aquel momento solo se valoraba el proyecto, pero ahora se estaba evaluando nuestra evolución en los dos últimos años. Dado que no había sido muy buena y no llegábamos a cubrir los costes, resultaba que para conseguir dinero estábamos en una situación incluso peor que antes, lo que ya era bastante malo.

Pero yo no soy de los que dan un paso para atrás ni para coger impulso, así que hicimos otra ronda de inversión, pero con algo que teníamos a nuestro favor: una evolución favorable en el mercado del agua, el apoyo de una gran multinacional proveedora de maquinaria y una carta de intenciones del cliente asegurando la compra de diez millones de envases. Esta cantidad aseguraba la viabilidad del proyecto.

Volvieron los meses de negociaciones y reuniones en Madrid. Lo intentamos por todos los medios, pero no lo logramos. Al final, fueron dos conocidos que nos seguían la pista y a quienes les gustaba el proyecto los que pusieron 350 000 € por un 20 % de la compañía.

Una de las mayores alegrías que tengo como fundador de Ly Company es la satisfacción de haber creado no solamente una empresa multinacional y un *océano azul* de un modelo de negocio, sino también la gratitud de ver cómo estas dos personas que invirtieron en nosotros multiplicaron por diez el valor de sus acciones en los siguientes cinco años. Otros podrían decir que tuvieron suerte y compraron muy barato, pero la verdad es que sin ellos no hubiera sido posible el proyecto. Les estaré eternamente agradecido por apostar por la compañía cuando nadie más lo hizo.

En octubre de 2018 comenzamos a envasar en lo que ya parecía una fábrica, con dos naves industriales de aproximadamente 2000 m^2 y la pseudotranquilidad de tener el volumen adecuado y asegurado para generar negocio y riqueza. Obviamente, tuvimos que contratar a más personal y también nos tuvimos que profesionalizar un poco más. Paco siempre decía que jugábamos en primera división, pero con presupuesto de tercera.

Entramos en 2019 con una enorme alegría; cada mes batíamos récords de producción y de facturación respecto al anterior. Era otra de las sensaciones que me motivaban a animar a otros a emprender sus sueños y negocios, porque ver cómo algo que has creado desde cero comienza a crecer mes a mes resulta indescriptible. Pero, como decía, los círculos virtuosos nunca vienen solos, y el hecho de estar presente en miles de vehículos VTC hacía que cada día hubiera un usuario o un propietario de alguna empresa que quería ese producto para su negocio.

A partir de la Navidad de 2018 nuestras vidas cambiaron radicalmente. Empezamos a pensar que ya podríamos ponernos un sueldo y, sobre todo, la energía positiva impregnó toda la empresa al ver que cada día entraban nuevos pedidos y clientes. Y cada nuevo cliente era muy conocido, lo que a su vez generaba más llamadas y más clientes.

Siempre he dicho que en esta compañía no sabíamos vender pero sí dejarnos comprar, y eso era lo que hacíamos. El teléfono no paraba de sonar. Tanto es así que, a mediados de 2019, una gran cadena hotelera nos llamó para que la proveyéramos; entre esa cadena y dos más con las que teníamos contacto, gestionábamos 25 millones de envases en el área del Caribe. Sin embargo, llevarlos desde España suponía un impacto en la huella de carbono, algo contra lo que luchábamos diariamente y que nos condujo a pensar en la internacionalización de la empresa, aunque fuéramos muy jóvenes como compañía.

Pero si en algo tenía experiencia, si en algo había echado los dientes, era en la externalización e implantación internacional. No tardé ni un segundo en decidir que debíamos montar otra planta en el área del Caribe. Planeamos hacerlo con la colaboración de Tetra Pak y un socio local en minoría que cubriera los gastos iniciales, como el canon o un *royalty* de entrada, que tanto nos habían supuesto en España.

La historia de la expansión internacional será objeto del siguiente capítulo.

Paco, Maite y yo en nuestra primera planta de envasado.

¿Qué aprendí?

En esta fase aprendí muchísimo. Aunque había tenido muchos negocios, nunca había tratado con clientes tan grandes o de renombre ni manejado los volúmenes que estábamos contratando. Pasamos de hacer cuatrocientos mil envases en 2017 a casi cuatro millones en 2018 y 23 millones en 2019. No había una empresa con ese crecimiento, lo que nos valió el premio ALAS ese año por iniciación a la exportación.

Aprendí que, cuando le haces competencia a un *lobby*, este se revuelve y ataca sin ninguna compasión. Lo pasamos realmente mal con la normativa sanitaria y con el *lobby* del plástico, que nos vio como una amenaza que había que neutralizar, y casi lo consigue.

También aprendí que, cuando una empresa quiere ser grande, hay que pensar en grande. Esto creo que es otro de los principales problemas de muchas compañías: quieren crecer pensando en pequeño, contratando a la misma gente y tomando las mismas decisiones que hasta ese momento. Una empresa que lleva varios años estancada, como le pasa a la mayoría de las del país, solo puede impulsar su crecimiento cambiando ciertas dinámicas:

- La toma de decisiones o quién las toma. No se puede cambiar nada si no se cambian las personas que han tomado las decisiones que han llevado hasta el punto en el que se está.
- La captación del talento necesario para llevar a la compañía al siguiente nivel. Esto únicamente se logra pagando y valorando ese talento especializado que se precisa.
- La asunción de la idea de que los departamentos ejecutivos son necesarios y se debe empezar a gastar dinero en planes a largo plazo, aunque no se vean los resultados de forma inmediata; y, sobre todo, realizar esos planes y ejecutarlos.

Pero, sobre todo, aprendí que los sueños son posibles, que la realidad es muchas veces la que tú te marcas y que el éxito es la consecuencia de la motivación y el esfuerzo. Este libro refleja la importancia de que no solo puedes conseguir lo que te propongas; también es un ejemplo de cómo la vida puede ser una confluencia de errores, malas decisiones y estar atrapado en un círculo vicioso durante muchos años. Sin embargo, «la noche siempre luce más oscura justo antes del amanecer», como dice Morgan Freeman.

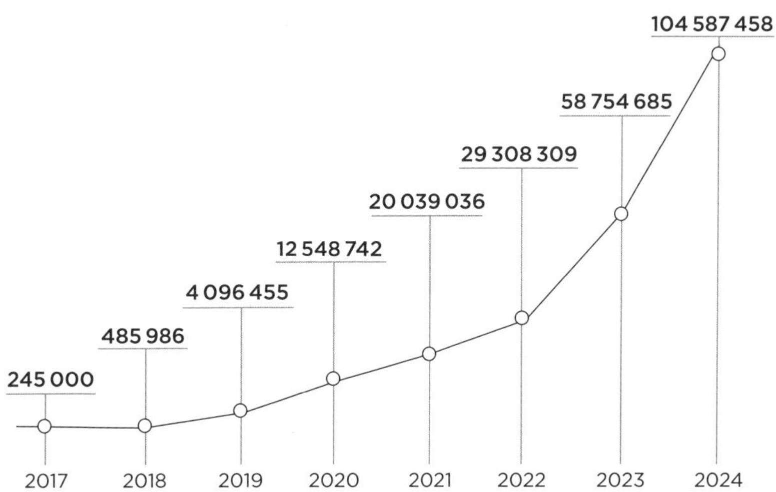

Evolución de Ly Company 2017-2024

20. La expansión internacional: de una *startup* a una multinacional

«El éxito no es más que tener objetivos y conseguirlos». Me encanta esta definición porque democratiza las ambiciones de cada persona. El éxito no es tener mucho dinero para comprarte cosas, sino sentirte realizado en tus sueños, acostarte con una sonrisa y levantarte con la felicidad de haberlos cumplido. De hecho, nadie debería emprender para hacerse rico, ya que ese no es un objetivo real; es la consecuencia de hacer las cosas bien, con cabeza, corazón y coraje.

Así que comenzamos 2019 en lo que finalmente fue el mejor año que había vivido hasta ese momento después de tanto sacrificio, tantas ruinas y un esfuerzo inmenso. Cada día sumábamos más clientes, y nuestro producto, aunque con sus más y sus menos, estaba muy bien validado. Sin embargo, al abrir una industria grande, nos enfrentamos a una fuerte competencia, y el poderoso *lobby* del plástico no estaba nada contento con nuestra presencia.

Tocaba de nuevo negociar con Tetra Pak y con socios locales para replicar el modelo de negocio en la República Dominicana. Montar una fábrica a 10 000 km de distancia y con un coste de 4 millones de euros presenta la gran dificultad de en quién debes confiar. Esto resulta especialmente crítico cuando has tenido malas experiencias en otros lugares, como Marruecos.

Inicialmente intentamos elegir a un socio que ya había contactado con nosotros, pero quería involucrar a otra persona con el dinero necesario. Mi estrategia era clara: tenía el *offtake*, es decir, las cartas de intenciones de compra del producto. Contábamos con una empresa funcionando muy bien en España y deseaba llevar este modelo exitoso a otro país. Para ello ofrecería una participación minoritaria a un socio inversor local que pudiera proporcionarme el espacio y el montaje necesarios para albergar la maquinaria, y Tetra Pak nos suministraría la máquina que pagaríamos en base a nuestro consumo.

Al final volví a montar otra fábrica de 4 millones de euros sin poner dinero. Esta vez se trataba de una parcela de 14 000 m^2, una planta de 3000 m, espacios verdes impresionantes y un sueño hecho realidad.

A mediados de 2019 aún no habíamos decidido quién sería el socio ideal, pero estábamos felices y pasamos unas navidades fantásticas porque cerramos el año pasando de hacer cuatro cientos mil envases en 2018 a más de cuatro millones en 2019, algo tremendo.

Empezamos 2020 con ilusiones renovadas. Cerramos enero doblando la facturación de 2019, y en febrero más que duplicamos la de febrero del año anterior, que ya había sido excelente. Maite me decía que en cualquier momento nos llegaría el golpe, que a personas como nosotras no nos podía ir tan bien, pero yo estaba centrado en el crecimiento y en comenzar la planta del Caribe, que me tenía emocionado.

Entonces llegó la COVID-19 y apagó todo nuestro fuego de ilusión. Las cartas de intenciones de los hoteles se fueron al traste; nuestros principales clientes (hoteles, navieras, oficinas y organizadores de eventos y de conciertos) cerraron. Pero «tranquilos, la COVID-19 solo va a tardar uno o dos meses», decía ese del pelo rizado en la televisión. Así que, como siempre, mantuvimos el optimismo y decidimos, tanto mi nuevo socio de Ly Company Caribe como yo, seguir adelante y construir la planta.

En agosto de 2020 fui por primera vez a República Dominicana con el socio elegido tras más de un año decidiendo si llevábamos a cabo este proyecto o no y con quién. Lo hablamos todo ese mes y en septiembre empezaron las obras. En octubre Paco llegó para dirigir el proyecto hasta diciembre, cuando Maite y yo llevamos a nuestros tres hijos y tomamos el relevo para la puesta en marcha. Me quedé en República Dominicana hasta finales de febrero de 2021.

Inauguración de la planta del Caribe en la República Dominicana.

La inauguración oficial se celebró en mayo de 2021 con la asistencia del Gobierno dominicano y el embajador español. Eso sí, con mascarillas.

Hubo una anécdota curiosa. Una mañana en mi despacho de la fábrica de Málaga pensé en invitar a la ministra de Industria española a la inauguración, dado que era una empresa española que se expandía al extranjero. Sin tener contactos, busqué «Ministerio de Industria» en Google y llamé al número de información general. Expliqué mi intención y, para mi sorpresa, me pasaron con el gabinete de la ministra. Tras hablar unos minutos con el jefe del gabinete, me pidió que le enviara un correo electrónico con información sobre el evento.

A la mañana siguiente el jefe del gabinete me llamó nuevamente y me informó de que la ministra no podía asistir por cuestiones de agenda, pero enviaría al embajador en su lugar. Más tarde la secretaria del embajador de España en República Dominicana me confirmó que el embajador asistiría tras haber sido contactado por el ministerio.

Esta respuesta me llenó de orgullo, a pesar de no compartir las políticas del Gobierno en ese momento. Como consejo, creo que los empresarios deben ser apartidistas. Aunque es difícil ser apolítico, ya que cada persona tiene sus principios, la política actual resulta tan desagradable y carente de valores que sí es posible ser apartidista.

La COVID-19 nos obligó a reinventarnos de nuevo, y gracias a que 2019 nos había ido muy bien, pudimos resistir los dos años de pandemia y pospandemia. Con los créditos ICO y los ERTE, pudimos superar una crisis que no solo se llevó millones de vidas, sino también millones de negocios en todo el mundo.

Paralelamente al proyecto del Caribe, llevábamos trabajando un par de años con una compañía italiana muy pequeña, Acquainbrick, que gestionaban varios socios jóvenes muy muy emprendedores. Su objetivo era crear marcas privadas de agua y organizar pequeños eventos. Fueron nuestros clientes, pero les temía porque veía en ellos un reflejo de nosotros mismos. No quería que nos enfrentáramos a una amenaza en Europa tan pronto, así que decidí hacerlos fuertes a ellos, pero junto a nosotros. Así que absorbimos la sociedad, aportándoles contactos, dinero y relaciones, y establecimos una fábrica propia en Italia.

Fueron semanas de negociaciones, viajes, reuniones agradables y otras bastante desagradables hasta concretar el proyecto. Tuve que emplear estrategias de negociación complejas, aliándome con las mentes más fuertes y provocando a algunos para limitar a otros. Finalmente, logré obtener la mayoría y el control de la compañía.

Al igual que con las otras plantas —esta iba a ser ya la tercera en tres años—, elegimos unas naves industriales en un pueblito precioso en mitad de la Toscana, entre Bolonia y Florencia; un paisaje de cuento para el cuento maravilloso que nos estaba pasando.

Pasaba más tiempo fuera de España que dentro, pero esto era diferente: se trataba de trabajo y esfuerzo, pero ya no de sacrificio, como he relatado en capítulos anteriores; lo hacía con una satisfacción de creación inimaginable.

Nos habíamos convertido en una multinacional, pero no de esas que alquilan una oficina virtual en Nueva York, Londres o París pagando 100 €/mes y dicen que tienen delegaciones o filiales; nosotros creamos una multinacional con plantas de más de 4 millones de euros en implantación por cada país, con creación de empleo e internacionalizando nuestras exportaciones, que crecían cada mes.

Ly Company Italia, la tercera del grupo, empezó a funcionar en septiembre de 2021, cuatro meses después de Ly Company Caribe, y aportando algo muy importante, pues Italia es una marca por sí sola. Hacer cualquier producto de alimentación en Italia y ponerle «Producto de la Toscana, Made in Italy» supone, ya de inicio, un certificado de origen y calidad que abre puertas internacionales.

Nos habíamos metido en unos *jardines* de mucho cuidado gestionando empresas con inversiones millonarias y cierta reputación en el sector, pero seguíamos sin tener dinero personal y, salvo en España, las empresas no habían alcanzado su punto de equilibrio ni empezado a generar grandes beneficios, y mucho menos caja operativa o tesorería.

Es curioso cómo algunas frases que has escuchado toda la vida cobran sentido cuando las vives, como: «Cuando debes 5000 €, el problema lo tienes tú; cuando debes 5 millones de euros, el problema lo tiene el banco». Y es así. Actualmente tengo avalados por el Banco de España más de 3.5 millones que he firmado, y si dejaran de pagarse religiosamente, debería ese dinero. Obviamente, no teníamos ese dinero, ni la milésima parte, pero, si los bancos no nos apoyaban, no nos renovaban y nos dejaban caer, los principales perjudicados serían ellos mismos.

Y es importante señalar que todos los préstamos que nos otorgaban estaban basados en el proyecto y en los contratos con los clientes y los firmábamos en la notaría cada semana o cada mes. Incluso en estos momentos, rara era la semana que no estábamos en la notaría con préstamos o pólizas o con sus renovaciones.

Hay un libro muy famoso y recomendable de Robert Kiyosaki y Sharon Lechter, *Padre rico, padre pobre*, cuya esencia radica en la importancia de generar una cartera de activos que hagan que el dinero trabaje para ti. A menudo nos empeñamos en adquirir o crear lo que creemos que son activos, pero en realidad son pasivos que nos generan gastos y nos empobrecen.

Otro mensaje importante de esta obra es que los activos son los que meten dinero en nuestro bolsillo, mientras que los pasivos lo sacan. La mayoría de las personas viven esclavizadas por un materialismo que les hace creer que poseen algo valioso cuando en realidad son esclavas financieras de lo que tienen.

En España la educación financiera resulta prácticamente inexistente y los impuestos son un castigo para quienes producen y una recompensa para los que no producen nada. Este libro explica muy bien cómo las oportunidades van y vienen, y ser capaz de tomar decisiones representa una habilidad fundamental. La vida se aprende a base de acciones; si estás continuamente en formaciones, charlas, etc., no aprenderás realmente. Es como saber la teoría de esquiar o navegar sin haberlo hecho nunca.

Hay que convertir los desastres en oportunidades. Por ejemplo, una de mis mejores empleadas tuvo que irse a Dubái por una decisión familiar y dejó la empresa. En lugar de perder a una persona talentosa en la que había invertido tiempo y recursos para formarla, decidí convertir esta situación en una oportunidad. Dado que estábamos en plena expansión internacional, y aprovechando su talento y su presencia allí, decidimos montar Ly Company Arabia con base en Dubái.

Ya estábamos establecidos en España (con dos centros de producción: uno en Málaga y otro en el norte del país), además de en República Dominicana e Italia, y decidimos poner la mirada en México, el primer consumidor mundial per cápita de agua envasada y el tercero en el mundo. Paralelamente, había surgido una oportunidad en Arabia Saudita.

La expansión internacional fue tan rápida que tuvimos que replantear nuestra estrategia, optando por acuerdos de *joint venture* en lugar de montar fábricas propias. Estos acuerdos nos permitieron alquilar o asociarnos con empresas locales, asegurando la exclusividad de producción en cada país.

De 2021 a 2024 abrimos delegaciones y filiales en República Dominicana, Italia, México, Arabia Saudita, Japón, Brasil, Alemania, Francia, Puerto Rico y más. Al cierre de este libro, estamos trabajando en nuestro plan más ambicioso: establecernos en Estados Unidos, el mayor mercado mundial, con una macroplanta que pueda suministrar al 85 % del territorio estadounidense.

Con México nos pasó algo curioso. La primera vez que le dije a un amigo que iba a Guadalajara, me contestó que tuviera mucho cuidado con los secuestros, la delincuencia, los tiroteos, etc., y no solo fue ese amigo, sino muchos más. Sin embargo, cuando llegas a México, te das cuenta de que es uno de los mejores países en cuanto a diversidad de paisajes y gente. Durante mi viaje tomé once vuelos en diez días y recorrí desde Guadalajara hasta la Baja California (Los Cabos), pasando por Ciudad de México, Cancún y Puerto Vallarta. Cada lugar era único y maravilloso, con personas serviciales, amables y simpáticas.

Si usas el sentido común y sigues algunas reglas básicas, como moverte de día, evitar salir de las áreas concurridas y no echar combustible de noche, pararte en zonas desconocidas ni confiar en extraños, lo más probable es que no te ocurra nada. Claro, siempre hay riesgos, y las probabilidades son mayores que en España, y siempre existe la posibilidad de encontrarte en una refriega por mera casualidad.

En este sentido, me ocurrió algo muy curioso en un almuerzo con unos sinaloenses. Estaba un poco asustado, influenciado por lo que había visto en series de narcos, pero cuando les expliqué que venía del sur de España, cerca de la frontera con África y Marruecos, ellos se asustaron un poco también. Habían visto una serie llamada *En la línea*, sobre el narcotráfico en la zona del Estrecho, y eso les generaba temor.

Anécdotas y experiencias tengo a cientos, y de todas siempre extraigo un aprendizaje.

En febrero de 2024, el *Financial Times* publicó la lista de las mil empresas con más crecimiento de Europa, y Ly Company obtuvo el puesto n.º 33. Alguien pensará que no es muy alto para mencionarlo, pero la siguiente compañía española está en el n.º 387 y la siguiente andaluza en el n.º 865.

Fábricas y oficinas de Ly Company Group en el mundo.

¿Qué aprendí?

Aprendí que no hay que tener miedo a internacionalizarse y que lo peor de todo no es tener sueños grandes y no cumplirlos, sino tenerlos pequeños y cumplirlos. Quedarse estancado por comodidad o miedo es muy lacerante. Si tienes más miedo a fracasar que ganas de triunfar, estarás perdido en tus ambiciones.

> Lo peor de todo no es tener sueños grandes y no cumplirlos, sino tenerlos pequeños y cumplirlos.

Aprendí que debes tomar decisiones rápidas ante una posible amenaza y que, cuando una amenaza viene para quedarse y no podrás contra ella, debes unirte, abrazarla e intentar ser relevante en los inicios. Conozco una empresa de diseño que, al enfrentarse a la llegada del diseño por inteligencia artificial (IA), se sintió muy amenazada. Sin embargo, en lugar de resistirse, abrazó la IA y se reconvirtió en un referente en esa especialidad. Por último, comprendí que la mayor riqueza radica en lo que sabes y, por ende, lo que no sabes supone tu mayor riesgo.

21. La fundación solidaria Agua&Vida

La solidaridad me ha acompañado toda la vida. Siempre tuve claro que ayudar a los demás era una prioridad, y es precisamente esa vocación solidaria y humanitaria la que me impulsa a escribir este libro. Llegado este momento, que podríamos calificar como de éxito empresarial y personal, siento la necesidad de compartir mis vivencias y aprendizajes. Si con esto puedo ayudar a alguien a acortar su camino o evitar que caiga en los mismos errores que yo cometí, habrá valido la pena escribirlo.

Como conté al inicio de esta obra, con catorce años ya estaba en Cruz Roja juvenil. Después formé un equipo de rescate de montaña y fui responsable de la campaña de salvamento de playas en 1994 junto a otros coordinadores. También monté un puesto de Cruz Roja en una localidad, que creo que fue mi primer proyecto de emprendimiento. En esa experiencia resultó muy curioso empezar a entender la política, los egos y la competitividad. Habían creado recientemente una agrupación de Protección Civil, y su dirigente nos vilipendiaba constantemente, nos ponía zancadillas, hablaba mal de nosotros, etc. Esa especie de política ya es lamentable, pero, cuando además se hace para destruir actuaciones totalmente llenas de buena fe y buenos sentimientos, resulta especialmente frustrante.

También te encuentras en el camino a muchas personas que dicen que son solidarias y en realidad son lamentables, pues incluso si pueden pisotear a su vecino lo harán. Recuerdo que con ese puesto en esa localidad conseguí acceder a un cupo de comida para familias vulnerables. Fueron unas 25 t en pasta, arroz, leche, encurtidos, batidos, etc., donadas por muchas empresas del país. Teníamos que elegir a qué familias les dábamos la comida, y para eso, y con ayuda del ayuntamiento y de los mismos protocolos de Cruz Roja Española, empezamos a recibir las solicitudes. Y claro, una cosa es la oficialidad y otra la realidad, y más en un pueblo donde todos se conocen.

Había familias cuyos miembros trabajaban todos sin tributar, por lo que vivían de forma holgada, pero oficialmente eran insolventes y tenían derecho a la comida, que por supuesto pidieron. Otros venían incluso en taxi a recogerla. Lo peor de todo fue que, además de algún robo, una tarde me sacaron una navaja por la calle para amenazarme y que pusiera en la lista a una de las familias. Estas experiencias pueden hacerte perder las ganas de ayudar, pero al final son solo unos pocos los que actúan de esa manera. Siempre he tenido una fuerte personalidad para enfrentarme a las injusticias. Afortunadamente, nunca me pasó nada grave, aunque en ese momento no tuve más remedio que defenderme y el de la navaja se llevó un *galletón*.

En 1995 el equipo de rescate que dirigía con 21 años trabajó en un incendio, y ahí también me enamoré del 061, donde estuve 23 años compaginando mis empresas y viajes con miles de guardias, cientos de vidas salvadas y muchísimas horas de docencia enseñando a otros profesionales el precioso mundo de las emergencias.

Cuando surgió el proyecto de Ly Company, quisimos que estuviera vinculado desde el principio a una ONG o a alguna asociación de ayuda. Nos fijamos en Pozos Sin Fronteras, una ONG de Málaga que hacía pozos de agua en África en su mayoría, aunque con alguna experiencia en Latinoamérica. Las personas que conocí allí son maravillosas, como no puede ser de otra manera, ya que la gente que se une para ayudar dejando su tiempo y dinero en los demás siempre es buena gente. Claro que hay excepciones, y la vida me mostró también a un tipo despreciable y narcisista en una de las asociaciones más importantes del país. Al final pasa como en las grandes multinacionales: están los que las hacen grandes y los que se creen grandes solo porque están en ellas.

Pozos Sin Fronteras fue la elegida para vincular nuestro nombre, y para eso yo personalmente debía integrarme en la directiva. Así fue como empezamos a donar parte de la facturación de cada producto vendido a esa organización y, ocasionalmente, a alguna otra. Se organizaban conciertos, viajes, galas, etc.

Con Coco, un alma pura de ayuda y dos colaboradores de Togo.

En 2019 creamos un proyecto muy bonito, Aula de agua, que más de cinco años después vamos a convertir en virtual para llegar a todos los lugares que podamos.

Este proyecto se basa en la experiencia personal que hemos tenido todos de niños cuando nos llevaban a visitar una fábrica. Recuerdo perfectamente mis visitas a la fábrica de Coca Cola y a la de Ron Bacardí, que cuarenta años después aún tengo presentes. Quería replicar eso, que los niños y adolescentes pudieran visitar nuestras fábricas en cualquier parte del mundo, y crear un aula en ellas donde unas 50-70 personas pudieran aprender sobre el ciclo del agua, la circularidad de los envases, el reciclaje, nuestras acciones con las ONG y nuestra Fundación. Este centro de referencia dentro de una fábrica industrial dejaría un recuerdo duradero no solo del producto, sino también de la importancia de nuestro impacto en el medioambiente y el reciclaje.

Otro aspecto importante de nuestro compromiso surgió en 2018 cuando logramos la acreditación para acoger proyectos de UNICEF como empresa certificada y, posteriormente, con UNITAR, la agencia de la ONU para la formación a través de sus centros CIFAL, con los que tenemos acuerdos por todo el mundo para ser vehículo comunicador de los Objetivos de Desarrollo Sostenible (ODS). Aquí no puedo más que agradecer a su coordinador mundial, Julio Andrade Ruiz, sus constantes apoyo, devoción y soporte.

Pero yo quería más. Cuando llegó la pandemia, replanteamos la situación y decidimos crear nuestra propia Fundación, sobre todo al saber que podíamos mantenerla. Tenía un sueño claro: que las donaciones a la Fundación Ly Company Agua y Vida (www.fundacionlycompany.org) fueran íntegramente al proyecto.

Esto es porque, cuando haces una donación, una parte suele destinarse a gastos administrativos, como sueldos, viajes, material administrativo, marketing, publicidad, etc. Es normal y comprensible, ya que sin esos gastos las fundaciones y ONG no podrían sobrevivir. Sin embargo, en nuestro caso, me obsesionaba que cada euro donado por una persona o empresa se destinara de forma íntegra directamente al proyecto. Por eso todos los gastos administrativos los asumimos nosotros desde la parte corporativa.

Los últimos años hemos donado alrededor del 30 % del beneficio de la compañía cada año. Si todas las empresas donaran solo un 1 %, se solucionarían muchos problemas en nuestra sociedad.

No digo que todas las empresas deban hacerlo, pero cuando eliges bien los proyectos y realizas donaciones, el principal beneficiado eres tú. A menudo digo que soy un ególatra y un egoísta porque hacer tantas donaciones o realizar acciones en beneficio de los demás me hace sentir tan bien que a veces me pregunto si no lo hago más por mí, por sentirme pleno, que por ayudar a los demás.

Te recomiendo encarecidamente pasar unos días ayudando y conviviendo en un proyecto seguro en África o América o al menos visitarlo. Te llevarás más de lo que aportas porque adquirirás una experiencia de vida imposible de olvidar. Quizás te traigas muchas lágrimas, pero también descubrirás una parte de tu corazón que todos tenemos más o menos hermético. Descubrirás que todos podemos utilizar lo poco que sabemos para ayudar en albañilería, fontanería, jardinería, educación, sanidad, etc. No importa si no es tu campo; solo con compartir tus vivencias cambiarás tu vida y la de los demás.

Con la Fundación Ly Company decidimos poner el foco en proyectos nacionales, especialmente en ayudar a niños tutelados y a menores en acogida. Historias desgarradoras como la de un niño de ocho añitos que perdió a sus padres en un accidente de tráfico cuyos tíos o abuelos no quieren o no pueden hacerse cargo de él son más comunes de lo que imaginamos. Solo en Málaga hay más de ochocientos niños tutelados y más de trescientos menores de doce años que no deberían estar en centros de la Administración, aunque estos cuenten con maravillosos profesionales. Nada es igual que estar en una casa, con una familia, en un hogar donde se reciba un beso de buenas noches.

Luchamos por esto organizando acampadas y salidas para estos niños a centros de ocio, barcos y parques de atracciones y fomentando la acogida familiar en colaboración con la Junta de Andalucía. Es fundamental recordar que las organizaciones están dirigidas por personas, y en este campo he tenido la suerte de conocer a individuos excepcionales. En este sentido, quiero hacer una mención especial a Ruth Sarabia, titular de la Delegación de temas sociales y juventud y tutora legal de más de ochocientos niños. Ruth es una mujer sonriente, inteligente, tenaz y capaz que afronta una vida personal complicada con una sonrisa continua y una vocación política en su trabajo que inspira a colaborar en sus proyectos. Además, tengo el honor de considerarla una amiga.

Además, como proyecto estrella estamos construyendo un centro infantil en Guayacanes, República Dominicana, que abarcará 6000 m^2 entre módulos de aulas, salones, dormitorios para voluntarios de corta y larga duración, pistas deportivas, aulas de capacitación, comedores, etc.

El centro estará ubicado en una de las comunidades más desfavorecidas y vulnerables del país, pues una de las ideas clave fue que se situara en un lugar donde las necesidades de los niños fueran comparables a las de otros que se encuentran en África, pero en un país relativamente seguro. Lo pensamos de esta forma porque así se hará más accesible la ayuda: los voluntarios podrán ir a ayudar durante sus vacaciones o su jubilación y luego disfrutar de unos días en la playa. No tienes que sufrir para ayudar; al contrario, la idea es pasarlo bien mientras haces la diferencia.

Si has tenido la suerte de nacer y vivir en un entorno con posibilidades y estás acostumbrado a ciertas comodidades, dedicar unos días a ayudar no está reñido con disfrutar. Compagina un poco de turismo con una gran solidaridad. Cualquier persona que dedique 1 € o 1 min de su tiempo a la solidaridad o al compromiso humanitario, sea con nosotros o con cualquier otra entidad, tiene un valor y merece un agradecimiento enorme. El objetivo es ayudar, sentir la satisfacción de apoyar a los demás y a ti mismo en un entorno de gran necesidad, pero con seguridad.

Espero que todas las personas que lean este libro se animen a ir y a colaborar en lo que puedan. Nada me haría más ilusión. Estoy seguro de que la experiencia será increíble, independientemente del impacto positivo que se deje en la comunidad.

Este es el mayor legado que puedo dejar y espero que perdure para siempre. Al final, cuando has tenido una vida como la mía, son estas cosas las que debes legar: esta obra con sus aprendizajes, que lejos de ser consejos son solo vivencias aprendidas para que cada persona las adapte o no a las situaciones por las que pueda estar pasando, y, por supuesto, la Fundación Ly Company y las infraestructuras que conlleve.

Toma y posesión del terreno para el orfanato.

¿Qué aprendí?

Aprendí que, cuando ayudas a los demás, el primero ayudado eres tú en los sentimientos que te mueven y conmueven; que dar es mejor que recibir porque no solo es una responsabilidad social, sino un acto de egoísmo por lo bien que te sientes, y, cuando eres reconocido por esos actos, la sensación resulta indescriptible.

Aprendí que una sociedad buena es la que protege a las personas más débiles, sea por edad, enfermedad o falta de recursos. Una sociedad buena potencia a los *cracks*, a los líderes, y protege a los vulnerables. Si no dotamos de recursos y validamos a las personas brillantes, frenaremos el crecimiento, el desarrollo y nuestro valor como sociedad; si, en cambio, fomentamos ideas populistas de igualdad y desigualdad tasando al mismo nivel a las personas de baja inteligencia, mediocridad o ambición para que no se sientan poco inteligentes, mediocres o poco ambiciosas, estaremos frenando a quienes se esfuerzan, estudian y ambicionan alcanzar sus objetivos. No hay mayor discriminación que la diferenciación.

22. Ly Holding Capital: el éxito

Ya vamos llegando al final de la historia. Es el momento de hablar de Ly Holding Capital, experta en desarrollo de inversiones en el ámbito tecnológico, industrial, energético, medioambiental e inmobiliario, que no es más que la capacidad de poder crear más empresas y, sobre todo, de poder escuchar a emprendedores en su camino de ilusión y pasión por la consecución de sus ideales.

Todo surgió cuando Ly Company comenzó a ser un éxito y los fondos de inversión consideraron que sería una buena idea invertir en nosotros. Aquí vino un aprendizaje de dos años, un gran máster de conocimiento en inversiones, términos complejos, estructuras de capital y deuda. En definitiva, muchas formas diferentes de inversión. En solo un año, me reuní con 16 fondos interesados en nosotros; algunos querían una minoría, otros una mayoría, algunos el 100 % y otros solo proyectos con impacto. Algunos, la verdad, parecían interesados únicamente en conocer cómo habíamos logrado lo que habíamos logrado.

Fue increíble, realmente agotador y desgastante, pero aprendí mucho y me hizo darme cuenta de dos cosas: hay gente muy inteligente en este país y hay otros que por trabajar en zonas de alto nivel como la Castellana, en Madrid, y llevar un traje muy caro creen que saben cómo llevar un negocio o una empresa. Resulta lamentable. Llegué a reunirme con jóvenes de 28 años con una prepotencia desmesurada porque habían terminado una carrera y un máster y te hablaban con un desprecio extraño; personas que nunca habían montado una empresa y apenas habían salido de su ciudad intentando dar clases de gestión. Yo, políticamente incorrecto, me levantaba y les decía que les fuera muy bien. ¡Al carajo! Menos mal que también conocí a enormes profesionales que destilaban sabiduría y saber hacer.

A algunos los despaché porque no eran lo que buscaba; a otros porque no me parecía que mi legado debiera estar en esas manos, y a otros porque no llegamos a un acuerdo en el precio, aunque me gustaran.

Crear un proyecto empresarial es como tener un hijo: sientes la profunda y emocional sensación de que has creado algo que perdurará.

Ly Holding, como decía en el capítulo anterior, es puro egoísmo, es dar, es sentirse bien ayudando a los demás y a ti mismo, porque ahora tengo la capacidad no solo de que me vayan bien mis empresas principales, sino de ir creando otras con otras personas que aportan ideas, ilusión y, sobre todo, más aprendizaje.

En mi despacho de Málaga recibo continuamente a emprendedores que me cuentan sus ideas. Sin embargo, la idea en sí es lo que menos me importa durante esas visitas; lo que realmente quiero ver es la mirada del emprendedor, cómo cuenta su proyecto, cómo gesticula, cómo se mueve y cómo se muere por contármelo. Esa pequeña ansiedad de saber que está hablando con alguien que puede hacerla realidad y cómo esa sensación lo inunda de tal manera que se refleja en sus ojos; esa mirada es la que busco, la de «me voy a comer el mundo», pues podrá con todo, porque las empresas y las ideas van y vienen, pero el verdadero valor está en el empresario o el emprendedor mismo.

Un empresario arriesga lo que no tiene por conseguir su visión. Si tiene éxito, además de lograr satisfacción personal y probablemente un medio de vida, aportará a la sociedad a través de impuestos y de la creación de puestos de trabajo. Los empresarios son las únicas personas que realmente crean riqueza en un país porque su esfuerzo genera los ingresos económicos necesarios para pagar costes y mantener un ecosistema circular y autosuficiente.

Nunca entenderé por qué los Gobiernos, especialmente los de izquierda, no promueven los beneficios indiscutibles de tener empresarios. Sin ellos no habría empleo ni se podría sostener ningún sistema social. Los Gobiernos deberían fomentar la creación de compañías y de empresarios, brindarles apoyo y establecer reglas lógicas y justas para sus trabajadores.

Como los políticos tienden a polarizar todo para desviar el voto, crean enfrentamientos entre izquierdas y derechas, rojos y fachas, buenos y malos, y hacen lo mismo con trabajadores y empresarios. Dado que hay más empleados, los enfrentan a los empresarios o emprendedores como si fueran enemigos. No se dan cuenta del daño tan terrible que esto causa a la sociedad.

Si se incrementan los costes salariales, los impuestos, y se reduce el número de horas laborables, al final alguien tiene que pagar esos costes. ¿Quién lo hará? Los consumidores que compran los productos que cualquier empresa produce. No olvidemos que una compañía es simplemente una tabla de ingresos y gastos, de compras y ventas, donde debe quedar algo que se llama *beneficio*. Si no lo hay, la empresa no tendrá sentido y cerrará o se arruinará. Para obtener beneficios, las ventas deben superar los costes, por lo que, si se incrementan estos, también aumentará el precio del producto, lo que elevará la cesta de la compra y generará la conocida inflación. No entiendo por qué se complica tanto este concepto; resulta tan sencillo como esto, pero no interesa explicarlo. Es una pena que no haya más empresarios en la política de verdad, la que busca crear bienestar y mejorar la sociedad haciéndola más fuerte, protectora y solidaria.

Pero estamos hablando de Ly Holding y de por qué se creó. Llegó un momento en el que tuve la posibilidad económica de crear más empresas. Actualmente, contando con las diversas filiales de Ly Company, tenemos unas 14. Manejar esto cada día implica menos horas de sueño, contar con excelentes directores en cada lugar y empresa y muchísimas horas de vuelo. Tener una multinacional suena muy bonito, pero implica vivir gran parte de tu vida en los aeropuertos.

Hay una compañía que me lleva unas dos veces al año a Camerún; tengo un cliente muy bueno que confía en nosotros para ser sus compradores en Europa. Es una empresa local fortísima que necesita de todo: piezas para sus fábricas, coches, material para los diversos negocios que maneja, etc. Camerún no es un país para novatos; de hecho, cualquier país del África central no lo es. No se trata de países turísticos; muchos están en conflicto permanente, y cualquier problema mínimo puede suponerte el mal rato de tu vida.

Con la compañía camerunesa y con el propio país tengo muchas anécdotas. Por ejemplo, nunca sé muy bien lo que estoy comiendo, así que le echo mucho picante a todo, ya que es un desinfectante orgánico que «lo mata todo». En las calles hay muchos puestos donde te venden ratas y gatos para que los despellejen y te los hagan a la parrilla allí mismo. Hasta he visto un pangolín vivo para trocear y comer.

Ratas y gatos para degustar por las calles de Yaundé (Camerún).

Recuerdo que una vez iba en coche por el centro de Camerún viajando de un orfanato que apoyaba al centro de la capital, Yaundé. Nos paró un grupo armado que cobraba por pasar por su territorio, algo que ya he visto otras veces. Lo mejor es pagar si no quieres llevarte un tiro. Mientras se generan ciertas colas, te venden comida por las ventanillas del coche. Yo, que tenía hambre, vi de lejos lo que parecía un pinchito de pollo. Avisé al niño que lo llevaba para que me lo acercara, pero cuando me lo dio, resultó ser un pinchito, sí, pero de larvas y gusanos.

Otra vez aterricé en Camerún justo cuando se decretó la COVID-19. Nadie sabía muy bien los procedimientos. Imagínate un pasillo muy largo en el aeropuerto con todos en fila. Vi a lo lejos un charco enorme de líquido en el suelo por el que todos tenían que pasar. Cuando llegó mi turno, me di cuenta de que había un hombre con un mono blanco, tipo sanitario, y un rociador agrícola de desinfectante. Directamente te duchaba vestido. Me empapó entero, incluida la mochila que llevaba, dejándome con olor a desinfectante todo el día. Solo las anécdotas con esta empresa de la Ly Holding dan para otro libro.

Montamos también una empresa de reciclaje en Italia, otra de energías renovables y otra de turismo con una emprendedora genial que tiene esa mirada, las ganas y la ilusión necesarias para que su proyecto salga adelante. También creamos una compañía de importación y exportación de multiproducto. La propia Ly Holding es una empresa de inversiones donde escuchamos propuestas e invertimos en los proyectos, entre otras muchas iniciativas.

La nueva sede de la compañía en el centro de Málaga.

¿Qué aprendí?

Aprendí que hay que viajar para seguir aprendiendo y que solo cuando te despojas de los prejuicios, las envidias, las comparaciones, etc., es cuando realmente eres capaz de aprender de verdad y cada evento se convierte en una oportunidad de aprendizaje.

> Solo cuando te despojas de prejuicios, envidias y comparaciones, aprendes de verdad.

Descubrí que el hábito no hace al monje, especialmente en los núcleos económicos de las grandes ciudades, donde encuentras a muchos mediocres disfrazados de ejecutivos que no están a la altura lo que cabe esperar de ellos. Sin embargo, también en ese ecosistema conviven auténticos *cracks* que mueven la industria.

Pero una de las lecciones más importantes es que, si quieres montar, por ejemplo, un negocio de peluquería, no debes centrarte únicamente en aprender peluquería, sino sobre negocios, cómo montarlos y cómo expandirlos. Estoy harto de escuchar que la gente se forma en un oficio para montar un negocio. ¡¡Error!! Fórmate en un oficio para trabajar en él, pero fórmate en negocios para montar un negocio. Ese es uno de los principales fallos de los emprendedores.

23. Ly Cahero

Ly Cahero es el nombre de mi última empresa, y merece tener su propio capítulo. Ly Cahero se concibió para hacer grandes inversiones que generen un impacto social relevante. Es la unión de dos experiencias vitales fortísimas junto con sus activos para valorar proyectos públicos y privados. Como nos gusta decir: o creamos nuestros propios sueños, o hacemos realidad el sueño de otros. Al final, podríamos definirnos como inversores, estructuradores financieros y escaladores de empresas o nuevos proyectos, bajo la entidad a la que le damos el nombre del capítulo. Su origen tiene lugar en septiembre de 2023 en una celebración de cumpleaños en la que estaba en Guadalajara, México. El anfitrión me mencionó que quería presentarme a alguien que posiblemente se mudaría a Málaga, pero en ese momento estaba cansado y apático, así que preferí no conocer a nadie y estar tranquilo.

Una hora después de haber llegado a la fiesta, una persona se sentó a mi lado y, en cuestión de minutos, comenzamos a charlar animadamente con una empatía inusual. Me cayó estupendamente, como cuando vas a un restaurante y el camarero te cae bien al instante y piensas: «Vaya *crack*. ¿Qué hace aquí?». Con este tipo fue así. A los 5 min de sentarse a mi lado, comenzamos a compartir nuestras vidas con mucho entusiasmo y sentí una conexión inmediata tanto de actitud como de pensamiento.

Después de media hora de conversación, me comentó que planeaba mudarse a Málaga. Resulta que era la persona que mi amigo, el anfitrión de la fiesta, quería presentarme: Alfonso Cahero. Lo curioso es que Alfonso estuvo a punto de no asistir a la celebración porque no suele salir de noche ni le gustan este tipo de eventos. Sin embargo, algo le dijo que debía acudir —últimamente tiendo a creer que todo en la vida tiene un porqué o un sentido—. Ahora es mi nuevo socio en nuestra última empresa, la n.º 33.

Alfonso se ha convertido en una persona bastante importante para mí por varios motivos. Las sociedades van avanzando y se tornan cada vez más complicadas, los socios cada vez son más exigentes y las empresas requieren un compromiso y una dedicación progresivamente mayor. Con Alfonso hemos logrado unir los esfuerzos y experiencias de dos vidas muy complicadas, pero también llenas de realidad y aprendizaje.

Alfonso es de Ciudad de México. Desde que era poco más que un adolescente, comenzó a trabajar y a ganarse la vida desde cero, siendo, como los buenos emprendedores, un buscavidas obsesivo. Su vida le ha llevado a obtener oportunidades increíbles que supo aprovechar, especialmente en Emiratos Árabes, posteriormente en el mundo de las infraestructuras y obra civil en México y después en Estados Unidos con una amalgama impresionante de empresas y negocios multisectoriales. Es un referente en el mundo de la inversión, y múltiples webinarios, periódicos y revistas como *Forbes* y *Business Insider* relatan su historia empresarial y sus experiencias.

Pero la experiencia más enriquecedora y a la vez más trágica ocurrió cuando, compitiendo en parapente, Alfonso tuvo un accidente. Fue envuelto completamente en su tela y cayó desde 140 m sobre una sierra. Durante el rescate, su corazón se detuvo tres veces y pasó 9 h en la montaña. Esta experiencia sensorial y espiritual sobrecogedora cambió su forma de ver la vida y los negocios. Al escucharlo, no puedes evitar plantearte dudas existenciales. Este suceso hizo que se volcara aún más en su familia y sus amigos y lo llevó a asociarse conmigo para crear proyectos de impacto social y económico.

Alfonso es un complemento perfecto a mi etapa madura de aprendizaje. Cada día aprendo más y más sobre cómo se estructuran negocios de billones de euros, cómo se financian Gobiernos y cómo se crean recursos económicos de una forma más experta y estratégica. Su conocimiento supone un escalón muy superior a las estructuras de negocios y productos bancarios que conocemos en Europa. Se trata de una de esas personas que siempre has admirado desde la distancia, deseando parecerte a ella o encontrártela para aprender, compartir una comida o simplemente tener una charla.

Y no solo nos entendemos en nuestro proceso vital y empresarial, sino que yo mismo me replanteo por qué pasan las cosas. Reflexiono sobre cómo el optimismo trae consecuencias extraordinarias, cómo la solidaridad premia más al que da que al que recibe y cómo una sonrisa sincera atrae a personas buenas y crea un círculo virtuoso. En definitiva, creo que formamos un equipo ideal en un momento ideal y espero mucho de todo esto porque no solo se han juntado dos emprendedores obsesivos, sino dos buenas personas.

Aunque igual me equivoco; ese es el riesgo que debemos correr cuando deseamos algo y sometemos a examen nuestras vidas y nuestros objetivos con lo aprendido y vivido.

NACE LY CAHERO: ALFONSO CAHERO Y CURRO RODRIGUEZ SE UNEN PARA REVOLUCIONAR ANDALUCÍA CON 30.000 MILLONES €

Curro Rodríguez, empresario malagueño y fundador del grupo multinacional Ly Company y Alfonso Cahero, empresario mexicano propietario de Cahero Family Office en Estados Unidos, crean una sociedad al 50% en Málaga con capacidad de 30.000 millones de euros para grandes inversiones y colaboraciones público privadas

Curro Rodríguez y Alfonso Cahero.

¿Qué aprenderé?

Desde luego a pasar a un nivel muy superior en los negocios y en las inversiones.

La estructuración financiera de grandes proyectos y cómo retornar valor personal y profesional. Además de aprender cómo se hacen las cosas en los núcleos financieros tan diferentes como Estados Unidos, Londres, Singapur o Dubái.

24. ¿Continuará?

Llega el último capítulo de *El aprendedor*, y solo espero que al menos os haya podido transmitir la capacidad de aprender y, a veces, la necesidad de desaprender. Porque no podemos dejar que la tiranía de la mediocridad nos siga marcando el camino de la ausencia de meritocracia, la cual, está dejando de existir por tres razones principales:

Primero, la clase política que nace y se crea en los partidos sin más experiencia vital que la soberanía y pleitesía al líder, quien tiene su puesto de trabajo en el dedo cada cuatro años.

Segundo, la idea equivocada de estos reguladores, que están igualando al que se esfuerza con el que no lo hace, en una estúpida alienación de la discriminación, cuando la igualdad no es darles a todos los mismo, sino que cada persona tenga las mismas oportunidades de acceso.

Y tercero, en 1980, solo el 35 % de la riqueza de este país era heredada, actualmente, es el 65 %. Estos tres datos juntos, obviamente, cercenan la cultura y la disciplina del esfuerzo para conseguir tus metas; además, muchos idealistas, que pretenden que no tengamos nuestras propias ideas, nos quieren hacer pensar que el esfuerzo es sacrifico, cuando el esfuerzo es la virtud que hace que consigas tus objetivos.

Ser aprendedor es saber que es muy difícil luchar con la envidia de los demás, hay personas que parecen perros ladrando continuamente a lo desconocido, y cuando algo no conocen, lo muerden.

Creo que también el continuo miedo y el complejo de inferioridad que se adueña de mucha gente por no querer sus propias imperfecciones hace que tengan esa envidia visceral contra lo que no han sido capaces de hacer, emprender o, mucho peor, aprender. No somos conscientes de ese complejo porque la sociedad nos ha enseñado a amar una versión de nosotros mismos muy inferior a nuestra capacidad; una sociedad que te enseña a que el fin de la vida es llegar a una buena jubilación, a que, si tienes un empleo fijo, pocas deudas, una pareja con la que te cases y tengas hijos, y si, con todo, eres capaz de irte quince días al año de vacaciones, es que eres afortunado. Vivimos engañados en la mediocridad de nuestro increíble potencial, porque nuestras aspiraciones se basan en la media, y no en nuestra visión y sueños interiores. Ya lo he comentado en algún momento del libro y, también escuchado varias veces: «no se puede tener más miedo a fracasar que ganas de triunfar».

Yo mismo fui, en un momento, una persona llena de envidias, de prejuicios y, sobre todo, ignoraba lo que me estaba perdiendo, no admiraba ni aprendía de los demás; es muy difícil y complicado cuando te sientes defraudado por la vida, cuando tienes avatares que continuamente te desatan un malestar interno que te hace ponerte tú mismo unas barreras terribles ante tus amigos, familiares, colegas de trabajo, etc. Pero esa barrera de envidia, inferioridad y menoscabo solo hace que te nubles y evita tu capacidad de ver lo bueno y evitar lo malo.

Yo pude alcanzar ese estado de aprendizaje y apertura cuando conseguí no deberle nada a nadie, no envidiar a nadie y no odiar a nadie. Una vez consigues esto, tu nivel de apertura para acoger lo bueno es inmenso. Además, como abrazas la vida con el optimismo de sacarle todo el partido posible tanto a la naturaleza como a sus seres y te impregnas de la sabiduría continua que te van dando los demás, comienzan a sucederte circunstancias que hacen que tu círculo virtuoso se amplifique.

Y si algo os puedo recomendar es que no os pase como a mí, que no os haga falta pasar por estos 23 capítulos para que alcancéis la capacidad de absorber lo mejor de las personas para catalizarlas en vosotros haciéndoos mejores cada día y facilitando lo antes posible la capacidad de aprender para emprender, ya sea un negocio o cualquier objetivo que queráis marcaros.

Yo ya tengo que obviar el «qué aprendí» porque estoy en mitad de un nuevo aprendizaje, que no sé si relatare algún día.

Mi último consejo es aprender a controlar el ego, uno de los peores enemigos del éxito. El ego te ayuda a valorarte e ir manejando el síndrome de impostor, pero, en mi caso, como vengo de tan abajo, necesito tenerlo siempre cautivo y encerrado porque cuanto mayor es el éxito y reconocimiento, más quiero y deseo tener la capacidad de transmitir mis experiencias, manteniendo las mismas apertura y humildad que me permitan continuar apoyando a los emprendedores y ejecutivos, a los que hayan podido pasar (o estén pasando ahora) por una situación difícil; a los miles de alumnos que tras mis charlas me escriben motivados; a los cientos de profesores y empresarios que me escriben por LinkedIn y que intento responder siempre.

En definitiva, quiero seguir teniendo la responsabilidad social de contar una y otra vez mi historia para ayudar y apoyar a quien la escuche y siempre... seguir aprendiendo y estar orgulloso de haber pasado de un emprendedor a un aprendedor.

Gracias por haber llegado hasta aquí.

Epílogo

Un buen emprendedor tiene que ser capaz de convencer a muchos de que su idea de negocio se convertirá en un éxito rotundo. Dedico todos los días de mi vida a entrenar a políticos, directivos y empresarios para que triunfen empleando sus mayores fortalezas y sean siempre la mejor versión de sí mismos, y escribir el epílogo de su obra para Francisco Rodríguez, Curro, ha constituido una inmensa satisfacción y una emoción difícil de explicar.

Curro es muchas cosas en la vida: criminólogo, psicólogo criminal, diplomado en medicina legal, empresario, emprendedor y CEO, entre otras compañías, de LY Company Water Group, y andaluz universal ejerciente y orgulloso de serlo. Pero, por encima de todo, es un gran visionario y una gran persona. No miento si digo que fue lo primero que adiviné en él desde el mismo instante en el que nos conocimos.

Como todo gran visionario, Curro es perfectamente consciente de que de él, y de sus excelentes aptitudes de comunicación, depende conseguir convencer a inversores, socios, colaboradores, clientes y, cómo no, entidades financieras. Entre esas aptitudes de comunicación que él atesora, una de las más importantes es saber escuchar a todo el mundo, con interés y la máxima empatía, para así poder comprender las necesidades de su equipo, de los inversores y de los potenciales clientes.

Una de las virtudes más admirables de Curro consiste en encontrar soluciones innovadoras que le han ido permitiendo crear productos diferentes. Esto le ha posibilitado convertirse en un referente tanto para sus colaboradores como para sus clientes. Al igual que en el caso de Camp y Kalanick, los fundadores de Uber, quienes tuvieron la gran visión de ofrecer servicios de transporte a través de una aplicación móvil, Curro ha tenido siempre visiones geniales que le han permitido crear 33 empresas a lo largo y ancho del mundo, viajando, dedicándose a negocios de importación y exportación y fijándose siempre en cómo lo hacen los mejores para crear su propia marca. Muchas de sus iniciativas han alcanzado el éxito más rabioso, mientras que otras han decaído, hasta el punto de llegar a arruinarle. Curro, también en esto, ha exhibido la mejor versión de un emprendedor de éxito: la virtud de rehacerse. Le contemplan ya más de 25 años de experiencia a sus espaldas desde que junto a su padre *mamó* la empresa desde muy pequeño. Hoy no le da miedo caer porque tiene la capacidad de volver a levantarse. ¡Sabe cómo hacerlo!

Sin duda, las dos mejores recomendaciones que Curro suele ofrecer a quienes se acercan a él y lo eligen como referente son buscar buenos compañeros de viaje, sea cual sea la aventura empresarial que se desee iniciar, y elaborar concienzudos planes de negocio.

En aplicación de todo esto, puedo decir sin temor a equivocarme, que Curro es el mejor en lo que a trabajar en equipo se refiere; conoce y maneja como nadie ese difícil arte de coordinar, delegar, comunicar y lograr que las personas del equipo desarrollen sus habilidades y aporten lo mejor de sí mismas; y todo lo anterior unido a una excepcional capacidad de organización y planificación. En este terreno, Curro es un fiel continuador de la escuela del gran Steve Jobs, el fundador de Apple, quien insistía siempre en que en los negocios las mejores cosas no las hace nunca una sola persona.

Además de lo expuesto, Curro cuenta con dos herramientas más que le hacen poderoso: la pasión en lo que emprende y la máxima ambición a la hora de plantearse una meta. Sin ellas, es imposible alcanzar las cotas más altas; con ellas, no hay obstáculo capaz de interponerse en el camino de los mejores, y Curro es indudablemente uno de los más grandes.

He seguido el desarrollo de este magnífico libro, *El aprendedor*, desde sus primeras líneas, y ha sido un camino extraordinario en el que Curro ha sabido plasmar su vida de emprendedor desde los comienzos, sin autocomplacencia, falsos sentimentalismos, mentiras ni simulaciones. Esta obra es de una autenticidad descarnada, desnudarse frente a una vida de fracasos y éxitos, de sonrisas y muchas lágrimas.

Ojalá los consejos que Curro ofrece generosamente en este libro sean un espejo para miles de jóvenes que en nuestro país aspiran al emprendimiento para convertirse en empresarios de éxito, una marea cada vez mayor de chicos y chicas que han superado aquella casposa España de «Hijo, cómprate un piso y hazte funcionario» para optar por iniciar un camino que, si bien puede resultar incierto en sus inicios e indudablemente estará plagado de obstáculos, les ofrece la recompensa de una meta que colmará todas sus expectativas de éxito.

Euprepio Padula
Presidente de Padula & Partners

«El mayor peligro no reside en tener
una meta demasiado alta y no lograrla,
sino en tener una meta
demasiado baja y lograrla».

—Miguel Ángel Buonarroti—